Paul Kapff

Schwaben in Amerika - seit der Entdeckung des Weltteils

Paul Kapff

Schwaben in Amerika - seit der Entdeckung des Weltteils

ISBN/EAN: 9783743431478

Hergestellt in Europa, USA, Kanada, Australien, Japan

Cover: Foto ©ninafisch / pixelio.de

Weitere Bücher finden Sie auf **www.hansebooks.com**

Württembergische Neujahrsblätter.

Unter Mitwirkung von
Seminarrektor **Beck**, Oberbibliothekar Dr. **Heyd**, Finanzrat Dr. **Paulus**,
Oberstudienrat Dr. **Planck**, Gymnasialrektor Dr. **Pressel**, Prälat **Schmid**,
Geh. Archivrat Dr. **Stälin** u. A.

herausgegeben
von
Professor Dr. J. Hartmann.

※

Zehntes Blatt. 1893.

Schwaben in Amerika

seit der Entdeckung des Weltteils.

Von

Dr. Paul Kapff.

Mit zwei Bildern.

Stuttgart, 1893.
Verlag von D. Gundert.

Das Jahr 1492 bezeichnet einen Wendepunkt der Geschichte. Durch Christoph Kolumbus wurden die Thore der neuen Welt geöffnet. Ein bis dahin unbekannter Erdteil lag nun vor den Nationen Europas, unendlich reich an Erzeugnissen der Natur, bedeckt mit unabsehbaren Ebenen und dichten Wäldern, und die Völker der europäischen Küstenländer beeilten sich, davon Besitz zu ergreifen. Spanien nahm Mittel- und Südamerika, den nördlichen Teil forderten Holland und Schweden, Frankreich und England. Deutschland fehlte in diesem Wettbewerb; es war anderweitig beschäftigt. Aber Deutsche waren zahlreich dabei, und unter den Deutschen in erster Linie Schwaben, deren Wanderlust ja seit alter Zeit sprichwörtlich ist. Sie zogen hinüber schon im 16. Jahrhundert als Kaufleute und Abenteurer, und zwar nach Südamerika. Dann im 17. Jahrhundert wandte sich die Auswanderung Nordamerika zu, zunächst nur sehr spärlich; als aber Handelsgesellschaften und Regierungen die Kolonisation planmäßig in Angriff nahmen, kam es zu Massenauswanderungen. Im Anfang des 18. Jahrhunderts ergoß sich aus Württemberg ein wahrer Strom von Auswanderern hinüber in die neue Welt und flutete fast das ganze Jahrhundert hindurch in ungeschwächter Kraft. Erst infolge des Unabhängigkeitskriegs der Vereinigten Staaten und sodann unter dem Einfluß der Napoleonischen Kriege geriet er ins Stocken. Von 1815 an begannen die Züge der Auswanderer aufs neue, und Jahr für Jahr sind Tausende unserer Landsleute über den Ozean gesegelt. Die meisten verloren sich drüben in dem großartigen Volks- und Geschäftsleben; gar manche aber gelangten zu Ehren und Reichtümern, thaten sich hervor im öffentlichen und geschäftlichen Leben, in Kunst und Wissenschaft, machten sich insbesondere auch um die nähere Erforschung des Erdteils verdient; auch einzelne Schwabenkolonien wurden gegründet und haben sich in ihrer Besonderheit erhalten. Es ist daher wohl angezeigt, die Auswanderung aus Württemberg nach Amerika von ihren Anfängen bis zur Gegenwart zu verfolgen, um von den Schwaben in Amerika ein Bild zu gewinnen. Ist es doch ein bedeutsames Stück Kulturgeschichte, das uns einen Einblick eröffnet nicht nur in die Entwicklung der Zustände Amerikas, sondern auch in die Eigenart des schwäbischen Volkslebens und Volkscharakters. Was die folgenden Blätter zur vierhundertjährigen Feier der Entdeckung des großen Weltteils bieten, kann freilich auf Vollständigkeit um so weniger Anspruch machen, als es an Vorarbeiten auf diesem Einzelgebiet mangelt, und auch Nachfragen in Amerika nicht den gewünschten Erfolg hatten. Dankbar werden wir daher jede Mitteilung entgegennehmen, welche geeignet ist, Lücken zu ergänzen, Gesagtes zu berichtigen, neues Licht über unseren Gegenstand zu verbreiten.

I. Das sechzehnte Jahrhundert.

Die ersten Schwaben in Amerika.

Leif, der Sohn des dänischen Seefahrers Eirik, war der erste Europäer, der — im Jahr 1001 — an der Küste Nordamerikas landete. Unter seinen Genossen war auch ein Deutscher, Namens Tyrker, und von ihm wird erzählt, daß er aus dem Walde hervortretend, die Frucht eines jener mächtigen, wilden Weinstöcke in der Hand, wie sie noch jetzt in den Ahornwäldern Kanadas das Erstaunen der Reisenden erregen, seinen Gefährten freudig zugerufen habe: Trauben, Weintrauben, wie ich sie in meinem Vaterlande sah! So rührt der älteste, bald vergessene Name des Landes „Weinland" von einem Deutschen her. Ob dieser ein Schwabe gewesen, berichten die Quellen nicht; sein Name erinnert unwillkürlich an bekannte schwäbische Weinorte, und die Freude an der Traube weist an den Neckar oder Rhein.

Sichere Kunde haben wir dagegen davon, daß unter den frühesten Ansiedlern Südamerikas Schwaben gewesen sind und zwar Ulmer, die in Welserschem Dienste standen. Die Welser in Augsburg, die Rothschild des 16. Jahrhunderts, hatten mit dem immer geldbedürftigen Kaiser Karl V. häufig Geldgeschäfte, und um an der Golderute, die sich in Amerika barbot, auch ihren Anteil zu haben, ließen sie sich als Pfand für ein Anlehen die Landstrecke zwischen dem Kap de la Vela und dem Kap Maracapana — etwa 35000 □.=M. — zur Eroberung und Kolonisation nebst der Statthalterschaft darin übertragen. Dort hatte im Jahre 1499 Alfonso von Ojeda einen günstig gelegenen Seehafen und in dessen Nähe ein Dorf — Coro — gefunden, das wie Venedig auf Pfählen gebaut war, weshalb er es Venezuela b. h. Klein-Venedig nannte. Dieses Land versprach reiche Ausbeute und erschien den Welsern um so lockender, da die Spanier dort sich noch wenig ausgebreitet hatten. Sie rüsteten daher eine Expedition von 3 Schiffen aus mit 400 Mann zu Fuß und 80 zu Pferd und übergaben den Oberbefehl ihrem Geschäftsführer Ambrosius Dalfinger, einem geborenen Ulmer. Sein Lieutenant war Hieronymus Sayler, ebenfalls ein Ulmer; auch unter der Mannschaft mag mancher Schwabe gewesen sein.

Im Jahr 1528 segelte Dalfinger von Sevilla ab und landete glücklich an der Küste von Venezuela in Coro anfangs 1529. Allein statt nun Niederlassungen zu gründen, um einen festen Rückhalt im Lande zu gewinnen, trat er, von der Sage eines mit fabelhaften Reichtümern angefüllten Landes gelockt, mit unbedachter Hast im September 1529 einen Zug in das Innere an. Er drang durch das Thal Eupari bis zum Magdalenenstrom unter mancherlei Kämpfen vor, mußte aber, da er durch Kämpfe und Krankheiten allmählich gegen 100 Mann verloren hatte, sich zur Umkehr entschließen und kam im Mai 1530 wieder in Coro an. Schon ein halbes Jahr darauf unternahm er eine zweite Entdeckungsreise. Vom Golf von Maracaibo südlich ziehend, kam er in Gegenden, die von friedlichen Stämmen bewohnt waren, welche Lebensmittel im Überfluß hatten und Gold in Menge, allerlei goldene Schmucksachen von hohem Werte, so daß Dalfinger bald über 60000 Goldgulden erbeutet hatte. Dann wandte er sich in jenes Thal, das nach ihm den Namen Valle de Ambrosio erhielt, überschritt das Gebirge und drang als der erste Europäer in Neu-Granada ein. Allein obgleich er hier Spuren von bedeutenden Goldlagern fand, gründete er doch keine Niederlassung, strebte vielmehr immer weiter vorwärts dem Goldlaube zu, wo der Dorado sein sollte, jener König, der, wie man erzählte, ganz mit Goldstaub überzogen war, so daß er wie ein goldenes, von dem besten Meister verfertigtes Bild aussah. Aber Dalfinger mußte seine Habsucht büßen. Eine kriegerische Völkerschaft, durch Mißhandlung und Plünderung gereizt, überfiel ihn mit Übermacht; er verlor viele seiner Leute; er selbst erhielt durch einen Pfeilschuß eine tödliche Wunde am Halse, an welcher er bald nach seiner Ankunft in Coro starb. Er war ein Mann von unerschrockenem Mut und rastloser Unternehmungslust, aber auch habgierig und nicht frei von Härte und Grausamkeit, wenn auch die Berichte des Las Casas über die Grausamkeiten des „lutherischen Ketzers" übertrieben sein mögen.

In milderem Lichte erscheint sein Kollege Nikolaus Federmann, ebenfalls aus Ulm und in Welserschen Diensten. Als Dalfinger seine erste Entdeckungsreise ausführte und jegliche Kunde von ihm in Europa ausblieb, rüsteten die Welser, um das Schicksal ihrer jungen Kolonie besorgt, eine neue Expedition aus, ein Schiff mit 123 Soldaten und 24 deutschen Bergleuten unter Befehl des Nikolaus Federmann. In seiner Schrift „Indianische Historia, eine schöne kurzweilige Historia" erzählt er uns sehr anschaulich und ausführlich seine Reise nach Amerika und „was ihm allda ist begegnet bis auff sein Wiederkunfft in Hispaniam aufs kurtzest beschrieben, ganz lustig zu lesen".

Am 2. Oktober 1529 stach N. Federmann in die See. Die Fahrt war keine günstige; infolge von Stürmen brauchte man 23 Tage bis zu den Kanarischen Inseln, während man sonst diese Strecke in 8—10 Tagen zurückzulegen pflegte. Da es an Trinkwasser gebrach, legte man an einer dieser Inseln an; Federmann stieg mit 10 Mann ans Land, wurde aber unversehens von etwa 80 Eingeborenen überfallen, schwer verwundet, mit 6 seiner Leute gefangen, in eine Höhle gesperrt, jedoch nach 4 Tagen glücklich wieder befreit. Ohne weiteren Unfall gelangte man im Dezember 1529 nach St. Domingo, „welches fast wohl erbauen, zierliche Gassen und edificias hat, auch ein stark wehrlich schloß und einen fast guten Port". Hier traf Federmann den Welserschen Geschäftsführer Sebastian Renz, ebenfalls aus Ulm, der schon Asien und Afrika bereist hatte, auch „Kartenmaler" war, und der nun seinen Landsmann mit allem Nötigen versah. Nach 14 Tagen wurde die Reise fortgesetzt und im März 1530 der Hafen von Coro erreicht. Federmann übernahm die Statthalterschaft, gab diese jedoch bald an Dalfinger zurück, als dieser von seinem Eroberungszug zurückkehrte, und unternahm nun ebenfalls eine Entdeckungsreise mit 110 Mann zu Fuß und 16 zu Pferd nebst 100 Indianern.

Im September 1530 brach Federmann auf und durchzog das Gebirge von Venezuela. Steile, unwegsame Höhen und reißende Flüsse hemmten das Vordringen. So wurde z. B. der gewaltig angeschwollene Fluß Tokuyo mittelst eines Floßes nicht ohne Gefahr passiert. Am andern Ufer lagerte man sich auf einer Anhöhe; in der Nacht aber stieg der Fluß so mächtig, daß das Lager eine Insel bildete; die Leute flüchteten sich auf die Bäume; Gepäck und einige Pferde wurden fortgerissen; „als es aber Gott gefiel, dem sei lob, während es kaum 5 Stunden und nahm so rasch und eilends wieder abe, als es hatte zugenommen, also daß vor mittag der ausgerunnen fluß, so uns hatte umgeben, schon verloffen was". Weniger Hindernisse dagegen bereiteten die Eingeborenen. Eine unüberwindliche Furcht erfüllte sie vor den Fremden mit den weißen Gesichtern und den langen Bärten, vor allem vor den Reitern, welche sie mit den Pferden zusammengewachsen glaubten. Ganze Stämme zogen sich scheu zurück, und Federmann hatte Mühe, sie durch Dolmetscher heranzulocken und durch kleine Geschenke zutraulich zu machen. Wenn sie aber dann in größerer Anzahl herankamen, so beeilte sich Federmann, sie samt und sonders ohne weitere Umstände taufen zu lassen; „denn was ist not, ihnen lang zu predigen und Zeit mit ihnen zu verlieren".

Auch auf ein Zwergvolk stieß unser Reisender, darunter waren „die längsten 5 spannen, etliche nur 4 spannen lang, doch zu ihrer größe von zierlicher Proportz und gestalt". Auf einen ganz andern Volksschlag aber, kräftig und streitbar, stieß Federmann in der Ebene des Orinoco. Da lagen in kleiner Entfernung voneinander zahlreiche Dörfer, stark befestigt, oft eine halbe deutsche Meile lang. Gegen 7000 Krieger rückten einmal aus einer einzigen Niederlassung heran. Da gab es manchen blutigen Kampf, manches kühne Abenteuer. Aber so tapfer auch Federmann und seine Schar sich hielten, es gelang ihm nicht, diese Stämme auf die Dauer zu unterwerfen. Der einzige, allerdings nicht zu unterschätzende Gewinn seines gefahrvollen Zugs war eine nähere Kenntnis des Landes und seiner Bewohner. Er entdeckte fruchtbare, zur Kolonisation geeignete Gegenden, wie die schöne Provinz Bariquicimeto und das Land der Caquetios. Nachdem Federmann bis zum Apure, einem Nebenfluß des Orinoco, vorgebrungen war, nötigten ihn die zahlreichen Verluste zur Umkehr. Im März 1531 traf er wieder in Coro ein und trat seine Rückreise nach Europa an. Diese war ein Nachspiel zu seinen Abenteuern in Südamerika. Heftige Stürme und andauernde Windstille verzögerten die Fahrt; erst im Juni wurde die Küste von Portugal erreicht. Hier erfuhren die Reisenden zu ihrem Schreck, daß maurische Raubschiffe, wohlbemannt und stark bewehrt, in den dortigen Gewässern kreuzten. Schleunigst wurden daher die Schätze, Gold und Perlen, über 70 000 Dukaten an Wert, ans Land geschafft, und Federmann legte mit einigen Genossen zu Lande den Weg nach Sevilla zurück. Nach kurzem Aufenthalt am kaiserlichen Hofe setzte er seine Reise nach Augsburg fort, wo er im August 1532 wohlbehalten ankam.

Einige Jahre später wurde Federmann wiederum nach Benezuela geschickt mit dem Auftrag, am Kap de la Vela eine Niederlassung zu gründen. Allein der Ort erwies sich dazu nicht geeignet, da es an Wasser und Steinen fehlte. Sobald Federmann hievon sich überzeugt hatte, ernannte er einen Vicestatthalter und unternahm einen zweiten Zug ins Innere. Er marschierte durch die Ebene des Orinoco, überschritt die Anden, kam in das goldreiche Neu-Granaba und traf auf der Hochebene von Bogota mit zwei anderen Eroberern zusammen, die von Quito und Peru herkamen. Alle drei, Federmann, Gonzalo Ximenes be Quesada und Benalcazar, machten auf den Ruhm der Entdeckung des Landes und die Statthalterschaft in Neu-Granada Anspruch. Endlich einigten sie sich dahin, nach Kastilien zu gehen und dem König die Sache zur Entscheidung vorzutragen. Dies geschah, aber keiner erreichte seinen Zweck; die Statthalterschaft wurde einem anderen übertragen. Von jetzt an verschwindet Federmann vom Schauplatz. Es soll ein gerichtliches Verfahren gegen ihn eingeleitet worden sein wegen Unterschlagung von Geldsummen und Mißhandlung von Untergebenen. Wie es scheint, entging er durch einen baldigen Tod der Verfolgung. Ob die Vorwürfe begründet waren, läßt sich nicht entscheiden. Unstreitig aber war Federmann ein tapferer Führer und kühner Entdeckungsreisender. Philipp von Hutten, der ebenfalls in der Welserschen Kolonie in Südamerika sich aufhielt, nennt ihn einen geschickten Gesellen, auf dem das Glück des Landes stehe, und zieht ihn den anderen Eroberern weit vor.

Noch ausgedehnter als die oben geschilderten Reisen ist die eines anderen Ulmers, des Franz Lebzelter, der von den Welsern ihrem Statthalter Georg von Speyer in Venezuela zur Unterstützung beigegeben worden war und an der Entdeckungsreise teilnahm, auf der Georg von Speyer der Führer war. Diese dauerte 3 Jahre, von 1535 bis 1538 und erstreckte sich unter steten Kämpfen und fast übermenschlichen Anstrengungen von Coro bis zum Amazonenstrom, etwa 350 deutsche Meilen weit. Mit Staunen erblickten die Reisenden jene gewaltigen Ströme, die das Tiefland des Marannon durchfluten, und die fast undurchdringlichen Riesenwälder; mit Verwunderung hörten sie von dem Weibervolk, das weiter abwärts am Fluß wohnen sollte, „ein wehrhaft, tyrannisch, unmenschlich Volk", von einem Volk, das nicht sterbe, von dem Goldland, das nicht mehr fern sein sollte. Aber trotz des brennenden Verlangens, bis dorthin vorzubringen, mußte wegen der bedeutenden Verluste der Rückzug angetreten werden. Von 400 waren noch 160 übrig, als man in Coro ankam. „Gott allein" — sagt ein Reisegenosse Lebzelters, Philipp von Hutten, in seiner Reisebeschreibung — „und die Leute, so es versucht haben, wissen, was Not und Elend, Hunger und Durst, Mühe und Arbeit die armen Christen in diesen

3 Jahren erlitten haben; ist zu verwundern, daß es menschliche Körper so lang haben ertragen können; ist ein Graun, was Ungeziefers, als Schlangen, Kroten, Eidechsen, Würmer und Wurzeln die armen Christen auf diesem Wege gegessen haben, auch etliche wider die Natur Menschenfleisch gegessen haben, und viel elende Häute, wie sie hier die Indianer tragen für Schild, die eingeweicht, gesotten und gegessen wurden, also daß von diesem bösen Essen und von der großen Arbeit die Christen sogar verschmachtet und ausgedorret waren, daß uns (den Überlebenden) Gott nicht geringe Gnade erwiesen hat."

Noch mancher abenteuerlustige Schwabe mag nach Venezuela gewandert sein, um dort sein Glück zu suchen; setzte man doch in Deutschland große Hoffnungen auf diese Welsersche Kolonie. Allein sie hatte keinen Bestand. Die Streitigkeiten zwischen Spaniern und Deutschen mehrten sich; mit Gewalt und Hinterlist suchten die Spanier das reiche Land zu erwerben; scheuten selbst davor nicht zurück, den Statthalter Bartolomäus Welser mit seinem Gefährten Philipp von Hutten treulos zu ermorden. Schließlich kam es zu einem Prozeß, der einige Jahre in Madrid schwebte, da die Welser ihre Ansprüche nicht aufgeben wollten: 1555 wurde er zu ihren Ungunsten entschieden. Damit waren die Spanier Herren des Landes; der Anteil der Deutschen an Südamerika war für immer verloren.

Einige Jahrzehnte später begegnen wir wiederum einem Schwaben in der neuen Welt, dessen Name wohl verdient genannt zu werden: **Andreas Josua Ulsheimer**, Sohn eines Pfarrers in Gerstetten, OA. Heidenheim. Er erlernte in Ulm die Chirurgie, machte dann als Feldchirurg bei württembergischen Regimentern 1596 und 1597 Feldzüge gegen die Türken in Ungarn mit, reiste 1598 mit einem jüngeren Bruder nach Italien und trat in Livorno als Wundarzt bei einer dortigen Truppe ein, begab sich aber schon 1599 auf ein friesisches Schiff und machte auf diesem eine Fahrt durch das Mittelmeer und den atlantischen Ozean nach Holland und fuhr nun auf holländischen Schiffen in den Jahren 1599 bis 1604 viermal nach Mittel- und Südamerika. Nachdem er noch eine Reise nach Guinea und Ostindien ausgeführt hatte, begab er sich in die Heimat, zunächst zu seinem Bruder Sebastian, damals Schullehrer in Schorndorf, und ließ sich dann als Wundarzt in Tübingen nieder. Hier schrieb er sein „Raysbuoch", etwa 1622, eine frische, ungekünstelte Reisebeschreibung, die den Eindruck hervorbringt, daß der Verfasser ganz aus eigener Beobachtung schöpft. Sie gewinnt noch an Interesse durch die Zeitverhältnisse.

Philipp II. von Spanien suchte den Handel der abgefallenen Niederlande zu vernichten und ihnen den indischen Markt zu verlegen. Trotzdem verfolgten die kühnen Seefahrer ihre gewohnten Handelswege und ließen sich selbst aus den Kolonien des feindlichen Landes nicht ganz vertreiben, stets bereit, selbst gegen eine Übermacht den Kampf aufzunehmen. So erlebte denn Ulsheimer auf seinen Amerikafahrten manches Abenteuer. Gleich von seiner ersten Fahrt berichtet er: „Wir kamen auf die Canaren, trafen allda ein spanisch Schiff an, das haben wir geplündert, und einem Barfüßer Mönch, den wir darauf gefunden, die Ohren abgeschnitten, darum daß er ein holländisch Psalmbüchlein bei sich hatte, und wir vermeinten, es habe einem derjenigen Holländer, welche kurz zuvor von den Spaniern erschlagen worden waren, gehört." Ein andermal wurde das Schiff von sechs spanischen Kriegsschiffen verfolgt; als aber das spanische Admiralschiff sich an Bord des holländischen Schiffes legen wollte, wurde es von einer Kugel so unglücklich getroffen, daß es anfing zu sinken und seine sichere Beute wieder fahren lassen mußte. Im Hafen von St. Domingo lagen einmal acht holländische Schiffe, reich beladen, als eine spanische Flotte von zehn großen Kriegsschiffen vor dem Hafen erschien. Sofort liefen die Holländer mit vollen Segeln aus, um zu entfliehen, gerieten aber mitten unter die Spanier und wurden von diesen mit grobem Geschütz übel zugerichtet. „Endlich" — so lautet die Erzählung — „hat der spanisch Admiral den unsern an Bord gelegt, da sie stark zusammen scharmützirt haben, inmaßen unser Admiral den spanischen hinten in die Pulverkammer geschossen, davon in einem Augenblick beide Schiff gen Himmel geflogen sein; als die Spanier solches gesehen, haben sie nacheinander anfangen auszureißen, und waren wir unserenteils dessen auch froh und schifften unsers Wegs fort auf Holland". Auch über den Handel jener Zeit berichtet uns das „Raißbuoch" manches. So war das holländische Schiff beladen mit „Karabinern, Dolchen, Rapier, Leinwand, wollen Tuch, Strümpfen, Käse, Fischangeln, Spiegeln, Kämmen, Maultrommeln, messingenen Becken und dergleichen Narrenwerk". Dagegen wurden eingetauscht Früchte, wie Bananen, Citronen, Limonen u. s. w., Tabak, Zucker, Häute, Perlen, Salz u. a. Sehr genau scheinen es die Holländer bei dem Tauschhandel mit den Eingeborenen nicht genommen zu haben, wie aus Äußerungen erhellt wie die, daß „man einen Zug mit dem Volk ans Land gethan", oder daß „man ein Dorf abgelaufen habe, und was man Wertvolles gefunden, auf das Schiff geladen". Die Eingeborenen Westindiens schildert Ullsheimer als „ein grob, wild, ungeheuer auch barbarisch Volk"; sie beten vornehmlich den Mond an, machen ihm zu Ehren Bildnisse von Messing, Blech oder Kupfer in Gestalt eines Halbmonds, setzen diesen auf einen Kürbis und stecken eine Feder darauf. Der Zauberei und allerlei Teufelswesen sind sie sehr ergeben, so daß sie mit den Teufeln, die leibhaftig zu ihnen kommen, reden und tanzen. Sie gehen ganz nackt, sind dabei aber sehr putzsüchtig: stecken auf den Kopf allerlei Federn, durch Ohren und Nasen hohle Hölzlein mit Papageifedern, durch die Lippen einen blauen Stein, durch die Ohren einen Halbmond von Blech. Als Nahrung dienen ihnen Bananen und andere herrliche Früchte, auch Fleisch, namentlich Menschenfleisch, aber auch Schnecken, Raupen, Meerkatzen, Vögel und Fische aller Art. Von diesen werden unter anderen erwähnt die Kugelfische, die „wie Schweine grunzen"; Schwertfische, die „so dick wie ein Ochse, vorn im Kopf hinaus einen langen Schnabel haben, der wie ein Schwert aussieht, und scharf und zackig ist wie eine Säge"; Goldfische, 5—6 Fuß lang, „überaus köstlich, herrlich und delikat zu essen", aus dem Wasser gezogen und auf das Deck gebracht, ändern sie die Farbe in andere ebenso schöne um, der glühende Purpur und das Goldgelb gehen in eine glänzende Silberfarbe über, auf welcher die ursprünglichen Purpur- und Goldtöne spielen, allmählich verblaßt dann die Farbe in ein düsteres Ledergrau. In Brasilien wundert sich unser Landsmann über die großen Sklavenmärkte, nicht weniger über Gefangene, die vom Rio de la Plata hergeschleppt waren, „schneeweiß sind, das Fleisch roh essen wie die Hunde, nicht reden, sondern mit Pfeifen sich verständigen". Herrlich sind die Produkte des Landes; nur der Wein fehlt; denn der König duldet es nicht, daß man Reben pflanze, damit nicht die Kolonisten, wenn sie Wein und alles selbst haben, rebellieren. Allein der Statthalter darf Reben ziehen, welche Trauben haben mit „Beeren, so groß wie eine Welschnuß, honigsüß, köstlich gut"; aber keltern darf auch er nicht. Gar viel Merkwürdiges weiß unser Reisender von der dortigen Tierwelt zu erzählen: von Schlangen, die 10—12 Klafter lang sind und von den Indianern mit Appetit verspeist werden; vom Faultier, das zu einer Strecke von 12 Schritt einen Tag braucht und, zu faul zum Essen, von der Luft lebt u. a. Sein höchstes Erstaunen erregt aber der Wunderbaum auf einer der Kanarischen Inseln; „dort findet sich keine Quelle, aber auf einem Berg steht ein hoher Baum, der sich weit ausbreitet, oben am Baum hält sich stets ein Wölkchen; der Baum trieft ohne Unterlaß aus der Wolke von gutem Wasser". Dieser Baum, ein Tilbaum mit breiten, fleischigen Blättern, die von Tau triefen, wurde noch von manchem Amerikafahrer angestaunt.

Auch von dieser Reisebeschreibung gilt die Charakteristik, welche Alexander von Humboldt (Kosmos II, 69 f.) von den Reisenden des Mittelalters entwirft: „sie erfreuen uns durch die liebenswürdige Naivetät, durch ihre Freiheit der Rede, durch die Sicherheit, mit welcher sie vor einem Publikum auftreten, das ganz unvorbereitet und darum um so neugieriger und leichtgläubiger anhört, weil es sich noch nicht schämen gelernt hat, ergötzt oder gar erstaunt zu scheinen. Das Interesse der Reisen war damals fast ganz dramatisch, ja die notwendige und dazu so leichte Einmischung des Wunderbaren gab ihnen beinahe eine epische Färbung."

II. Das siebzehnte und achtzehnte Jahrhundert.
1. Württemberger im Staat New-York.
Ansiedlung am Hudson.

Im Jahre 1609 erreichte Hendrick Hudson, ein Engländer, der im Dienste der ostindischen Kompagnie von Amsterdam stand, auf der Suche nach einer Durchfahrt nach Indien die Bai von New-York und fuhr den Fluß hinauf, soweit er schiffbar war, in der Hoffnung, den ersehnten Weg zu finden. Die feierliche Größe der Natur des neuen Landes erfüllte Hudson und seine Genossen mit Erstaunen und Bewunderung, und so erstattete er nach seiner Rückkehr einen glänzenden Bericht über seine Entdeckungen. Daraufhin wurden im folgenden Sommer von Amsterdam aus weitere Schiffe hinübergeschickt, an der Mündung des Flusses einige Hütten errichtet, und so entstanden die Anfänge der holländischen Kolonisation in „Neu-Niederland". Die westindische Kompagnie, die 1622 in Holland zum Zweck des Handels und der Gründung von Kolonien entstand, zog zahlreiche Deutsche nach Amerika, meist Norddeutsche, aber auch Schwaben, Franken und Hessen; allein sehr bald verschwanden diese unter den Holländern, mit welchen sie über das Meer gekommen waren, so daß wir keine weitere Kunde von ihnen haben.

Bald nach den Holländern landeten die Schweden an der Küste Nordamerikas und zwar an der Bucht des Delaware. König Gustav Adolf hatte den Gedanken gefaßt, dort Kolonien zu gründen „zum Segen für den gemeinen Mann und die ganze protestantische Welt". 1638 kamen die ersten schwedischen Schiffe an, andere folgten, und zwar vorwiegend mit deutschen Kolonisten, denn auf Deutsche war es von dem dünn bevölkerten Schweden von Anfang an abgesehen. Die Mehrzahl der Kolonisten scheinen Süddeutsche gewesen zu sein; denn es wird berichtet, daß die Schweden die Gerichte in hochdeutscher Sprache gepflogen haben. Allein Schwedens Sonne leuchtete bald nicht mehr in ihrem früheren Glanze, und die schwedische Niederlassung unterlag nach kurzer Blüte der Eifersucht ihrer holländischen Nachbarn.

Jedoch nicht lange darauf gerieten die holländischen Besitzungen unter die Herrschaft der Engländer. 1664 erschien eine starke englische Flotte in der Bucht von Neu-Amsterdam, das Fort mußte sich den Engländern ergeben, und Neu-Amsterdam vertauschte seinen Namen mit dem von New-York. Nachdem die Engländer Herren der Küste vom Lorenzo bis zum Savannah geworden, gaben sie ihrer Politik, die Kolonien durch deutsche Einwanderer zu bevölkern, eine weitere Ausdehnung. Insbesondere war es neben der Pfalz Württemberg, das ein fruchtbares Feld für diese Bestrebungen bildete.

Die Ursachen liegen klar am Tag. Der dreißigjährige Krieg hatte diesem Lande tiefe Wunden geschlagen; die Volkskraft war gebrochen, im häuslichen wie im öffentlichen Leben, in den Städten und Dörfern, überall tritt uns Verwüstung entgegen. Um solche Wunden zu heilen, dazu bedarf es ganzer Menschenalter. Allein nicht lange durfte sich unser Vaterland des Friedens erfreuen. Es begannen die Raubzüge Ludwigs XIV.; 1688 und 1693 fielen die französischen Mordbrenner in Württemberg ein; im spanischen Erbfolgekriege fand die ausgedehnteste Verwüstung des Landes und eine dreitägige Plünderung Stuttgarts statt. Selbst die heimatlosen Söldner im dreißigjährigen Krieg hatten nicht so systematisch und mit so kaltem Blut gewütet, als es die Heere eines Königs thaten, der sich und sein Volk als die Blüte der europäischen Civilisation hinzustellen gewohnt war. So war der Wohlstand des Landes vernichtet, und Tausende blickten in die Ferne, die einen nach Osten, die anderen nach Westen, in der Fremde Hilfe suchend. Umsomehr als unter der Last einer luxuriösen Hofhaltung und einer zahlreichen Beamtenschaft die Abgaben von Jahr zu Jahr wuchsen. Ganz besonders hatte der Bauer zu seufzen.

„Heutzutage" — so schreibt ein Staatsmann jener Zeit — „ist der Landmann die armseligste unter allen Kreaturen, er wird unaufhörlich mit Frohndiensten, Botenlaufen, Treibjagen, Schanzengraben u. dergl. geängstigt. Was dem Wildzahn entrissen wird, nimmt ein rauher Beamter auf Abschlag der rückständigen Steuern weg. Die Scheunen sind leer, die Hütten drohen zusammenzufallen, die Bewohner sehen elend und verkommen aus." Dazu kamen religiöse Bedrängnisse. Staatlich anerkannt waren nur die Lutheraner. Wer diesem Bekenntnis sich nicht anschließen wollte, hatte zu gewärtigen, als Sektierer verfolgt zu werden. Selbst die „Pietisten", die doch nur auf einer innigeren Erfassung und gewissenhafteren Ausübung der Religion innerhalb des Luthertums bestanden, wurden von der orthodoxen Kirche angefeindet. Die „Mystiker", die in der zweiten Hälfte des 17. Jahrhunderts in mancherlei Schattierungen auftraten, wurden als dem Staat gefährliche Neuerer benunziert. Unter solchen Umständen fanden die zahlreichen Werber für die Auswanderung willkommenes Gehör. Die englische Regierung, welche ihre Kolonien bevölkern, die Gesellschaften, welche große Ländereien beräuern und urbar machen, die Rheder von Amsterdam, welche ihre Fracht nach Indien verloren hatten und nun durch lebendige Fracht den Verlust ersetzen wollten, die Quäker, welche in Pennsylvanien den Wert deutscher Arbeit bereits aus Erfahrung kannten, sie alle warben unter dem Landvolk durch ihre Sendboten, lockten es durch Flugschriften, die massenhaft verbreitet wurden. Besonderen Eindruck machte eine Flugschrift „das goldene Buch" genannt, weil sein mit dem Bildnis der Königin Anna von England gezierter Titel in Gold gedruckt war; es verhieß freie Überfahrt und — den süßen Traum eines deutschen Landmanns jener Tage — freies Grundeigentum ohne Entgelt.

So begann denn, vollends unter dem Druck eines furchtbar harten Winters von 1708 auf 1709, im Frühjahr 1709 eine Massenauswanderung aus Württemberg, welcher sich ganze Scharen aus der Pfalz und dem Elsaß anschlossen. Zu Tausenden fuhren die Bauern rheinabwärts nach Rotterdam, Schiff auf Schiff landete in England, allmählich waren etwa 14000 Personen herübergebracht. Alle Vorbereitungen, die man dort auf die Berichte der Gesandten in Holland und Deutschland hin getroffen hatte, erwiesen sich als völlig unzureichend. Die Königin nahm sich in erster Linie der armen Menschen an, gab aus eigenen Mitteln täglich 160 Pfund zu ihrem Unterhalt, ließ ihnen Zelte anweisen und auf der schwarzen Heide bei London ein Lager aufschlagen, das neun Monate lang ein Gegenstand der Neugierde der Londoner war. Man sah sich dasselbe als eine große Merkwürdigkeit an, beschenkte oder verhöhnte die schmutzig und verwildert aussehenden Fremden und begriff nicht, warum sie so massenhaft ihre Heimat verlassen hatten. Auch einige Häuptlinge der Mohawk-Indianer, die eben damals in London verweilten, wurden nach der schwarzen Heide geführt, und als sie vernahmen, daß die armen Leute nichts verlangten als Land in Amerika, sollen sie geäußert haben, Äcker und Wiesen wollten sie den Deutschen von ihren Jagdgründen geben, soviel sie nur haben wollten, ja sie sollen der Königin ein Thal Namens Schoharie ausdrücklich für die Deutschen geschenkt haben. Von da an schwebte den Auswanderern das reiche und schöne Schoharie vor wie den Israeliten das gelobte Land. Der Aufenthalt auf der schwarzen Heide zog sich in die Länge, da es an Schiffen zur Überfahrt solcher Massen fehlte; und es ist nicht zu verwundern, daß Volk und Parlament über die ungeheuren Kosten zu murren begannen. Die Regierung beschloß daher, die Massen zu zersplittern, um sie los zu werden. Viele junge Leute wurden veranlaßt, sich als Matrosen und Soldaten anwerben zu lassen; andere nahmen Arbeit in den Bergwerken und Industrieorten; mehrere Tausend wurden nach Irland befördert, um dort die Webereien zu heben und zugleich das protestantische Element zu stärken; die Katholiken, welche nicht zum Protestantismus übertraten, wurden auf Kosten der Königin nach Holland zurückgeschickt; mehrere Tausend starben im Lager; die Hauptmasse aber wurde nach Amerika hinübergeführt, ein Teil nach Nord- und Südkarolina, ein anderer nach Pennsylvanien, mehr als 3000 wurden dem Staat New-York zugeteilt und zur Ansiedlung am Hudson und Mohawk bestimmt. Dort wollte man vor allem die ungeheuren Waldungen zur Gewinnung von Schiffsharzen, wie Pech, Teer, Terpentin nutzbar machen, für deren Zufuhr die englische Marine bisher fast ausschließlich auf Norwegen und die Ostseeländer angewiesen war; sodann sollten die Deutschen als eine Art Schutzmauer für die englischen Ansiedlungen gegen das Vordringen der Franzosen, damals Herren von Kanada, und gegen die Einfälle der Wilden verwendet werden. Es kam ein förmliches Abkommen zwischen der Krone und den Auswanderern zustande, durch welches diese sich verpflichteten, die ihnen vom Gouverneur von New-York zuzuweisenden Ländereien nach dessen Anweisung zu besiedeln und sich dort mit der Gewinnung von Schiffsvorräten zu befassen. Sobald durch den Ertrag dieser Vorräte die Vorschüsse und Ausgaben getilgt sein würden, welche die englische Krone für den Unterhalt der Auswanderer aufgewendet habe, dann sollten sie das ihnen zugewiesene Land, und zwar 40 Acker für jede Person, als freies Eigentum behalten und überdies eine namhafte Beihilfe an Geld und Werkzeugen für die Einrichtung ihrer Landwirtschaft geschenkt erhalten.

Mit frischem Mute fuhren nun unsere Schwaben und Pfälzer auf 10 Schiffen von London ab. Sie sollten bald harte Proben bestehen. Auf der Überfahrt starben etwa 470 am Schiffsfieber, ein Beweis, wie schlecht die Einrichtungen, wie dichtgedrängt die Auswanderer gewesen sein müssen. Als sie in New-York ankamen, wagten die Behörden aus Furcht vor ansteckenden Krankheiten nicht, sie in die Stadt zu lassen und brachten sie vorläufig auf der Gouverneursinsel unter. Auch dort starben noch 250. Die Überlebenden hofften nun auf eine Ansiedlung am Mohawk, einem Nebenfluß des Hudson; dort lagen jene Jagdgründe der Indianer, dort jenes Schoharie, ein Seitenthal des Mohawk. Der Gouverneur Hunter aber fand es für gut, sie am Hudson selbst, etwa 100 engl. Meilen oberhalb New-York anzusiedeln, wo er ausgedehnte Grundstücke von einem jener großen englischen Grundbesitzer erworben hatte, denen nach Art der altenglischen Feudalverhältnisse weite Landstriche verliehen worden waren. Dieser Grundherr, Namens Livingstone, übernahm dafür die Verpflegung der Ansiedler und zwar die der Erwachsenen zu je 6, die der Kinder zu je 4 Pence täglich. Hier waren nun unsere Landsleute in die schlimmsten Hände gekommen. Livingstone war ein schlauer, habsüchtiger, gewissenloser Mensch, und Hunter war nicht der Mann, die Ansiedler vor dessen Rücksichtslosigkeit zu schützen. Von niederer Geburt, als Apothekerlehrling seinem Herrn entlaufen, im Heer durch Tapferkeit und Heirat emporgekommen, war Hunter ohne Verständnis für den ungewohnten Wirkungskreis, behaftet mit dem ganzen Hochmut des Emporkömmlings, der nach oben in Unterthänigkeit ersterbend, auf seine Untergebenen mit Verachtung herabsieht und namentlich die Angehörigen einer fremden Nationalität wie Parias behandelt. Diese Bevormundung der Kolonisten von oben herab war ein grober Mißgriff; denn darin liegt das Geheimnis des Erfolges jeder Ansiedlung, daß der Auswanderer sich auf seine eigene Kraft stützt, auf seine eigene Verantwortlichkeit hin, wenn auch auf Umwegen sein Gedeihen sucht und endlich findet; er tritt unerschrocken den Hemmnissen einer unbezwungenen Natur entgegen, aber er will von keinen Schranken gehemmt, von keinem Herrn befehligt sein. So hatten auch unsere Kolonisten drüben vor allem unbeschränkte Freiheit der Bewegung zu finden gehofft; statt dessen sollten sie sich eine strenge, militärische Aufsicht gefallen lassen. Dazu war die ihnen auferlegte Arbeit keineswegs nach ihrem Sinn. Sie waren Bauern, Weingärtner, Handwerker, aber von Pechsieden und Theerschwelen verstanden sie nichts. So war der Gouverneur mit dem erzielten Gewinn wenig zufrieden. Noch unzufriedener waren die Kolonisten; die Verpflegung, von Anfang an schlecht, wurde immer knapper. So brach denn im Frühjahr 1711 die Empörung in hellen Flammen aus. Die Ansiedler weigerten sich weiter zu arbeiten, und verbanden sich durch einen Eid, zu einander zu stehen und auf eigene Faust nach Schoharie zu ziehen, ja sich nötigenfalls mit Gewalt einen Weg dahin zu bahnen. Der Gouverneur eilte auf die erste Kunde von der Rebellion mit Truppen herbei, nahm ihnen alles weg, was sie an Waffen hatten, und stellte sie, nachdem er sie mit harten Worten als Dienstknechte und Zwangsarbeiter angelassen hatte, nun erst recht unter die fast schrankenlose Militärherrschaft ihres Peinigers Livingstone.

Der schwäbische Bauer kann viel ertragen; ist aber seine Geduld einmal zu Ende, so weiß er auch kräftig zu handeln. Das beweisen unsere Landsleute am Hudson, beweist besonders einer von ihnen, der hervorragendste, Joh. Konrad Weiser. Er war gleich seinem Vater und Großvater Schultheiß in Großaspach O.A. Backnang gewesen und mochte etwa 45 Jahre alt sein, als er sich entschloß, mit Frau und acht Kindern auszuwandern. Er verkaufte Haus und Hof für 675 fl., erhielt aber nur 75 fl. bar und verließ Großaspach am 24. Juni 1709, um sich jenem Auswanderungsstrom nach London und der neuen Welt anzuschließen. Fortan erscheint er als der Führer seiner Landsleute. Es sind nur noch Schilderungen seiner Gegner über ihn vorhanden: er selbst hatte nötigere Dinge zu thun, als seine Erlebnisse zu schreiben; aber selbst aus den Anklagen seiner Feinde tritt uns überall ein kerniger, kräftiger Charakter entgegen, der sich keinem Unrecht beugt und lieber untergehen will, als sich stumm unterwerfen, eine echt schwäbische Bauernnatur, wahr und ehrlich, treu und bieder, aber auch schroff und eckig, ja hartnäckig und querköpfig. Bitter beklagt sich über ihn der Gouverneur: „Weiser ist der Rädelsführer in dem Aufstand, den ich mit bewaffneter Hand dämpfen mußte"; „die Ansiedler wären zufrieden, wenn Weiser nicht immerfort sie aufhetzte, wenn er nicht immer an der Spitze rebellischer Banden stünde." In der That wußte Weiser seine Landsleute zu bewegen, das unerträgliche Joch abzuschütteln, den Hudson zu verlassen und nach Schoharie zu ziehen. Nur 63 Familien blieben zurück, deren Nachkommen noch heute auf der ihnen ursprünglich verliehenen Scholle wohnen. Ihre Namen sind zwar amerikanisiert, verraten aber noch immer schwäbische Abstammung, z. B. Coon (Kuhn), Snyder (Schneider), Clyne (Klein), Shutts (Schütz), Shoemaker (Schuhmacher), Smith (Schmidt), Freats (Fritz), Fox (Fuchs), Black (Schwarz), White (Weiß), Weaver (Weber), Carpenter (Zimmermann), u. a.

Ansiedlung in Schoharie.

Schoharie heißt eines der fruchtbarsten Thäler der Union, nach dem Fluß, der es durchzieht, einem Zufluß des Mohawk, etwa 30 engl. Meilen westlich von Albany. Dorthin schickten unsere Kolonisten am Hudson im Jahre 1712 sieben mutige Männer als Kundschafter, um mit den Indianern zu unterhandeln. Diese nahmen die Abgesandten freundlich auf und gewährten ihre Bitte um Land mit der Bemerkung, sie hätten längst das Land der Königin

Anna ausdrücklich zur Ansiedlung der Schwaben geschenkt. Freudig bewegt durch diese Botschaft verließen 150 Familien ohne Erlaubnis des Gouverneurs die Ansiedlung am Hudson und begannen unter der Führung von Weiser, Fuchs, Gerlach, Hartmann, Schmidt, Lauer und Kneiskern den Marsch. Drei Fuß hoch lag der Schnee, als sie in 14tägiger Wanderung ihren Pfadfindern folgten. Ihre geringen Habseligkeiten trugen sie auf dem Rücken; denn wollten sie nicht als Diebe verfolgt und zurückgebracht werden, so mußten sie Werkzeuge und Hausgerät, als vom Gouverneur geliehen, zurücklassen. Im Thale angelangt, errichteten sie rohe, nur gegen die äußerste Kälte Schutz gewährende Holzhütten. Brüderlich teilten die Indianer ihre Vorräte mit den Ankömmlingen, welche ohne ihre Hilfe verhungert wären. Sobald der Schnee schmolz, wurde das Feld bebaut; statt eines Pflugs bediente man sich großer Sicheln; in Scheneltady wurde ein Scheffel Weizen gekauft und 19 engl. Meilen weit von dem Käufer nach Schoharie getragen; Kleider wurden aus Hirschfellen hergestellt, welche die Indianer schenkten; zur Anfertigung von Mützen bediente man sich der Pelze von Bibern und Füchsen; später wurde ein Pferd gekauft, das der Reihe nach von den Ansiedlern je einen Tag benützt wurde. So vergingen einige harte, mühevolle Jahre. Aber die Arbeit trug Früchte. Jener erste Scheffel Weizen brachte 83, und 40 Jahre später sandten die Ansiedler schon 36000 Scheffel jährlich auf den Markt nach Albany. Nun fingen auch verschiedene Handwerker an, ihre Kunst auszuüben. Der erste Schuster war W. Dietz, der erste Schneider J. Bussie, ein Hutmacher verdrängte die Pelzmützen durch jene großen, dreieckigen Hüte, die wir noch heute an unsern schwäbischen Bauern bewundern. Die Kolonie blühte immer mehr, und allmählich erhoben sich sieben schmucke Dörfer: Weisersdorf, Hartmannsdorf, Fuchsdorf, Gerlachsdorf, Schmidtsdorf, Kneiskerndorf und Brunnendorf.

Gewonnen hatten unsere Landsleute das gelobte Land, aber es kam nun darauf an, ob sie es auch würden behaupten können. Der Gouverneur konnte es nicht verwinden, daß sie ohne seine Erlaubnis weggezogen waren, und benützte die erste Gelegenheit, seinen Groll auszulassen. Auf die Beschwerde eines holländischen Farmers, der sich in seinem Besitzrecht verletzt glaubte, wurde ein Verhaftbefehl gegen Weiser erlassen, in welchem dieser „ein Seiner Majestät zur Arbeit verpflichteter Knecht" genannt war. Allein der Befehl blieb unvollstreckt, niemand wagte, Weiser festzunehmen. Bald darauf verlieh Hunter kraft seiner königlichen Vollmacht sieben englischen und holländischen Kolonisten, unter denen wieder der verhängnisvolle Livingstone uns begegnet, eben jenes von unsern Landsleuten besiedelte Land. Als aber die Grundherren einen Bevollmächtigten schickten, um wegen des Pachtzinses zu verhandeln, wurde er mit Drohungen vertrieben, und der Gerichtsbeamte, der mit neuen Verhaftbefehlen erschien, ward von den Weibern der Bauern übel zugerichtet: er wurde niedergeschlagen, durch die Pfützen der Straßen geschleift, auf einen Zaunpfahl gesetzt; mit zwei gebrochenen Rippen und einem ausgeschlagenen Auge kroch der Ärmste, so gut er konnte, nach Albany zurück. Jetzt machte Hunter Ernst. Er befahl, daß von jedem Dorf je drei Bauern, darunter Weiser, vor ihm in Albany erscheinen sollten. Die Kolonisten gehorchten und wurden vom Gouverneur mit der Drohung empfangen, er werde sie sofort wegen Ungehorsams zur Verantwortung ziehen und Weiser hängen lassen. Als dieser im Lauf der Verhandlung den König von England erwähnte, unterbrach ihn Hunter ärgerlich: „Was König, was England", und der anwesende Livingstone fügte, auf den Gouverneur deutend, hinzu: „Hier ist Euer König". Schließlich verbot der Gouverneur den Ansiedlern, bis zur Entscheidung die Äcker zu bestellen und drohte, diejenigen, welche sich mit den Grundeigentümern nicht einigen würden, mit Gewalt vom Lande zu entfernen. Mit den Worten: „Was gesagt ist, ist gesagt", kehrte er den Deutschen den Rücken.

Da entschloß sich Weiser, die Sache in Person dem König vorzutragen. Heimlich schiffte er sich mit zwei Genossen in Philadelphia ein. Es erging ihnen schlimm genug auf der Fahrt. Sie fielen in die Hände von Seeräubern und wurden all ihrer Habseligkeiten beraubt; Weiser wurde sogar dreimal an den Mastbaum gebunden und jämmerlich geschlagen, um noch mehr Geld von ihm zu erpressen. Endlich in London angekommen, waren sie ohne alle Mittel, wanderten daher in den Schuldturm und saßen ein Jahr lang, bis das Lösegeld von Schoharie eintraf. Und als sie schließlich dem Ministerium ihre Beschwerde unterbreiten konnten, da erschien Hunter, der inzwischen abberufen worden war, auf dem Platz, stellte die Ansiedler als unzufriedene Aufwiegler hin, und die Abgesandten mußten unverrichteter Dinge abziehen. Immerhin aber trug ihr mutiges Auftreten dazu bei, jenen Grundherren eine gütliche Beilegung der Sache erwünscht zu machen, und so kam ein Vertrag zwischen ihnen und den Ansiedlern zustande, wonach letzteren gegen einen geringen Pachtzins der Fortbesitz ihres Landes gesichert wurde. Damit kehrte der Friede wieder und eine naturgemäße, geordnete Entwicklung.

Nur ein Mann wollte sich der neuen Ordnung der Dinge nicht anbequemen, Konrad Weiser. Er sei, sagte er, nicht nach Amerika gegangen, um sein Haupt unter die Knechtschaft zu beugen, hoch und stolz wolle er den Nacken tragen, wie es einem freien Mann gezieme. So entschloß er sich zur dritten Auswanderung. William Penn's großes Asyl der Freiheit war es, wohin er seine Schritte lenkte. An der Spitze von 60 Familien brach er auf, diesmal von einem langen Zug von Pferden, Vieh und Hausrat begleitet. Ein Indianer machte den Führer bis zum Susquehannah. Hier wurden Boote und Flöße gebaut, Kinder und Frauen eingeschifft; Männer, Pferde und Vieh folgten längs dem Fluß, bis sie nach wochenlanger Reise das Ziel — Pennsylvanien — erreichten. In der Nähe des heutigen Womelsdorf am Tulpehoken ließ sich Weiser mit den Seinigen nieder und fand endlich nach den Stürmen des Lebens den wohlverdienten Hafen der Ruhe und Freiheit. Seine Niederlassung wuchs bald zum blühenden Gemeinwesen heran, und noch über 20 Jahre verbrachte dort Weiser, rastlos thätig bis zum letzten Augenblick; umgeben von Kindern und Enkeln starb er 1746 in einem Alter von fast 90 Jahren.

Ansiedlung am Mohawk.

Die Reise Weisers nach London war doch nicht ohne gute Folgen gewesen. Dem englischen Ministerium war durch seine Beschwerde die Bedeutung der deutschen Einwanderung klarer geworden als durch die Berichte der Gouverneure. Es sandte daher an den neuen Gouverneur in New-York, Burnet, einen einsichtigen, wohlwollenden Mann, gemessene Befehle, den Deutschen, die noch kein Land erworben hätten, solches überall da anzuweisen, wo es ihnen vorteilhaft erscheine. An Zuzug fehlte es nicht. Im Jahr 1717 fand eine zweite Massenauswanderung aus Württemberg statt, die sich allerdings größtenteils Philadelphia zuwandte, zum Teil aber auch New-York. Als diese Ankömmlinge nun um Land am Mohawk baten, gab Burnet diesem Wunsch nach unter der Bedingung, daß die Niederlassung wenigstens 80 engl. Meilen westlich von Albany angelegt werden solle, um dadurch die Grenze wieder eine Strecke weiter nach Westen vorzuschieben. Die Einwanderer verhandelten mit den

Indianern, und diese übertrugen ihnen ohne jede Gegenleistung und aus keinem anderen Grunde, als weil sie ohnehin Land genug hätten und ihnen zur Gewinnung ihres Lebensunterhalts behilflich sein wollten, einen Landstrich, der von dem heutigen Little Falls aus etwa 24 Meilen nach Westen am Ufer des Mohawk sich hinzieht, ohne bestimmte Grenze nach Norden und Süden. Der Gouverneur gab seine Zustimmung und setzte fest, daß jede Person 100 Acker erhalten sollte. 39 schwäbische und pfälzische Familien machten sofort davon Gebrauch; wir finden darunter die Namen: Weiser, Sohn des oben genannten, Kopp, Reichard, Schmidt, Spies, Wagner, Werner, Kern, Schuhmacher. Bald kamen 60 weitere Familien: Becker, Groß, Keller, Fink, Frey, Fuchs, Gerlach, Pfeiffer, Erhard u. s. w., und allmählich erstreckte sich eine ganze Kette von Ansiedlungen längs dem Fluß, von der Mündung des Schoharie in den Mohawk 40 engl. Meilen weit nach Westen; um die Mitte des Jahrhunderts waren dort 500 Häuser mit einer Gesamtbevölkerung von etwa 3000. F. Kapp nennt dieses Mohawkthal eine der reizendsten und malerischsten Landschaften in dem an Naturschönheiten so reichen Staat New-York. „Der Fluß rauscht und schäumt wild über Felsen dahin; oft treten die Felsen so dicht an den Fluß heran, daß kaum Raum übrig bleibt für die Straße; dann aber schweift der Blick über grüne Wiesen und fruchtbare Ackerfelder. Mit jeder Windung des Flusses thut sich dem Beschauer ein neues Bild auf, das eine wetteifert mit dem andern an schroffer, wilder, romantischer Schönheit, an idyllischem Reiz und kräftigem Behagen; aber in ihrer Art sind sie alle schön." Damals freilich, als unsere Landsleute sich dort niederließen, war das Thal noch eine ungebrochene Wildnis, aber bald verwandelte es sich durch ihren Fleiß in einen blühenden Garten. Auch ein Kirchlein wurde gebaut — im Jahre 1739 — in Stone Arabia, oder wie der Schwabe sagte in „Stonerabe", und eine Schule errichtet; der erste Lehrer hieß H. Heiß; erst 1782 tritt dort der erste englische Lehrer auf, bis dahin war der Unterricht ausschließlich deutsch gewesen.

Dauernde Ruhe war jedoch den Ansiedlern nicht gegönnt. Kaum begannen sie sich der Früchte ihres unverdrossenen Schaffens zu erfreuen, als der sauer errungene Wohlstand durch Krieg bedroht und teilweise mit roher Faust zerstört wurde. Der österreichische Erbfolgekrieg warf auch auf die neue Welt seine düsteren Schatten; 1744/48 wütete hier der sogenannte „König Georgs Krieg" zwischen Engländern und Franzosen. Eine große Gefahr drohte den Ansiedlern am Mohawk, als der mächtige Stamm der Irokesen auf Seiten der Franzosen trat und sie ihren Kriegsruf durch Wald und Feld erschallen ließen. Zum Glück gelang es Konr. Weiser, Sohn des oben genannten Weiser, durch kluge Verhandlungen die aufgeregten Indianer zu besänftigen und die Gefahr abzuwenden. Trotzdem kamen vereinzelte Überfälle vor, und die Unsicherheit war so groß, daß die Häuser im Thal so gut als möglich befestigt wurden, und der Bauer mit dem Gewehr aufs Feld gieng. Schlimm hausten die Franzosen, als sie 1746 bis nach Albany vordrangen, plündernd und mordend. Ein merkwürdiges Geschick für unsere Landsleute! Von Deutschland waren sie in das Mohawkthal geflohen, um den Mißhandlungen der Franzosen zu entgehen, und dort im fernen Westen hatten sie womöglich noch Grausameres von dem Erbfeind zu erdulden. Der Aachener Friede von 1748 machte auch den Feindseligkeiten in Amerika ein Ende, aber nur für kurze Zeit, denn 6 Jahre später schon brach der große Entscheidungskampf zwischen Franzosen und Engländern um die Herrschaft über Nordamerika aus.

Während die Engländer die östlichen Küstenländer beherrschten, hatten die Franzosen ihre Ansiedlungen über den Norden verbreitet und weit nach Westen vorgeschoben. Französische Glaubensboten hatten das Kreuz durch die Wildnis getragen, vom Lorenzo bis zum Mississippi, und von da bis zum Golf von Mexiko. Ihren Spuren folgten die französischen Händler, und an geeigneten Stellen legten Offiziere Forts an und pflanzten das Lilienbanner auf. So bildete sich eine Kette französischer Posten von Montreal bis Neu=Orleans. Diese Ansiedlungen im Rücken der Engländer erweckten früh deren Eifersucht; diese steigerte sich bei jedem weiteren Vorbringen der Franzosen und führte schließlich zum Krieg im Jahre 1754. In den ersten Jahren hatten die Ansiedler am Mohawk Ruhe. Aber nur zu sehr gaben sie sich dem Gefühl der Sicherheit hin. Ganz unvorbereitet wurden sie 1757 von Franzosen und Indianern überfallen. Die feindliche Schar kam unbemerkt bis in die Nähe von German Flats, verbarg sich im Walde und fiel in der Nacht über die Ansiedler her. Mit wildem Kriegsgeschrei brachen die Indianer in die Häuser, rissen die Schlafenden aus den Betten, skalpierten die Männer, Weiber und Kinder und trieben die, welche dem ersten Angriff entronnen waren, ins Freie, wo die Franzosen die Arbeit ihrer wilden Bundesgenossen fortsetzten und alle niedermetzelten, die nicht schnell genug entfliehen konnten. Die Häuser wurden niedergebrannt, die Pferde mitgenommen, das Vieh getötet oder weggetrieben. 1758 erfolgte abermals ein Angriff; aber diesmal war man vorbereitet und schickte die Angreifer mit blutigen Köpfen heim. Noch mancher Kampf war zu bestehen, noch manche tapfere That wurde vollbracht, auch mancher Verlust erlitten, bis der Friede von Versailles 1763 Kanada an England übergab. Da feierten auch die Ansiedler am Mohawk das Friedensfest und gaben sich der Hoffnung hin, daß endlich die Tage der Ruhe gekommen seien.

Zwölf Jahre verflossen im Frieden, als durch die stillen Thäler des Mohawk und Schoharie die Trommel des Aufruhrs zu den Waffen rief. Gleich beim Beginn des Unabhängigkeitskrieges 1773 erklärten die Farmer, „es sei ihr fester Entschluß, alle vom Kongreß empfohlenen Maßregeln zu unterstützen und auszuführen, und frei zu sein oder zu sterben". In den zwei ersten Kriegsjahren blieben ihre Ansiedlungen verschont. Als aber 1775 ein Einfall der Engländer von Kanada her in den Staat New=York drohte, wurde die Miliz organisiert. Hertheimer, ein geborener Pfälzer, übernahm das Oberkommando; unter seinen Offizieren befanden sich: Braun, Borst, Diez, Frank, Fuchs, Stahl, Weber, Werner, Schmidt, Volz u. a. 1777 erfolgte der Angriff auf das Mohawkthal, und es kam zu jener blutigen Schlacht von Oriskany. Unter den ungünstigsten Verhältnissen wurden die deutschen Bauern vom Feinde überrascht, aber ihre Hartnäckigkeit und ihr Heldenmut verwandelte die anfängliche Niederlage in einen Sieg, der zwar teuer erkauft wurde, aber als der erste Triumph der republikanischen Waffen im Norden, als der erste Hoffnungsschimmer freudig begrüßt wurde. Von da an greifen die Deutschen am Mohawk nicht mehr in die große kriegerische Bewegung ein. Dagegen leiden sie fortan um so mehr durch feindselige Raubzüge der Indianer. Die englische Regierung setzte 1778 einen Preis für jeden amerikanischen Skalp aus. Infolge dieser barbarischen Maßregel wurde der Grenzkrieg zu einer grausamen Metzelei. Mancher Ansiedler fand, wenn er abends nach Hause kam, seine ganze Familie abgeschlachtet, und die Indianer pflegten die erbeuteten Skalpe auf Stäben aus= zuspannen und zu trocknen, schickten sie dann den Engländern und erhielten dafür ihren Lohn. Es ist erschütternd zu hören, wie ganze Familien untergingen, z. B. die Diez und Wiedmann, oder wie das schönste Mädchen des Thals, Katharina Merkle, aus reinem Mutwillen erschossen wurde, und selbst der die Unthat verübende Indianer, im Begriff, ihr den Skalp auszuschneiden, von der jugendlichen Schönheit gerührt, von Reue ob des ruchlosen Mords ergriffen wurde. Aber in ihrer Zähigkeit bildeten die schwäbischen Bauern den starken Wall, an dem die Einfälle der Indianer abprallten, und — wie F. Kapp schreibt — „ohne die Tüchtigkeit der Männer am Mohawk und Schoharie wäre wohl schwerlich der endliche Sieg errungen worden, der auch ihnen reichen Segen spendete und die Söhne der dienstpflichtigen Knechte des Königs von England zu freien Bürgern der amerikanischen Republik erhob." Freilich als der Friede kam, 1783, ruhte mehr als die Hälfte der waffenfähigen Bevölkerung der Thäler unter der Erde, und die ganze Landschaft war in eine Wüste verwandelt. Aber die Überlebenden machten sich frisch ans Werk; Zuzüge aus der Heimat füllten die Lücken aus; die zerstörten Dörfer wurden wieder aufgebaut: neues Leben blühte aus den Ruinen, und Wohlstand und Zufriedenheit kehrten wieder ein in den fruchtbaren Thälern des Mohawk und Schoharie.

2. Württemberger in Pennsylvanien.

Im Jahre 1681 erhielt William Penn an Zahlungsstatt von der englischen Regierung eine Strecke Land in Nordamerika, nördlich von Maryland, westlich vom Delaware. Sobald der König Karl II. diese Verleihung bestätigt hatte, veröffentlichte W. Penn, der sich schon längst mit dem Gedanken getragen hatte, in Amerika eine Zufluchtsstätte für verfolgte Religionsgesellschaften zu errichten, eine kurze Beschreibung der neuen Provinz „Pennsylvanien". Die Schrift, die auch in deutscher Übersetzung erschien, erregte namentlich in den frommen Kreisen Deutschlands großes Aufsehen; um so mehr, als Penn selbst schon wiederholt — 1671 und 1677 — Deutschland bereist hatte, um für die Sekte der Quäker Anhänger zu gewinnen. Seine Mühe war von Erfolg gekrönt. Bereits im Sommer 1683 segelten 13 Familien aus Crefeld über den Ozean und begannen unter der Leitung des Frankfurters Pastorius, etwa 6 Meilen von Philadelphia entfernt, sich Wohnungen zu errichten. Das war die „Deutsche Stadt", the German town, die erste Heimstätte, die sich Deutsche auf dem westlichen Kontinent bereiteten. Den ersten 13 Familien folgten andere; es waren ihrer etwa 50, als die Feldmark — 5700 Acker — im Jahre 1689 geteilt und unter den Ansiedlern verlost wurde. 1691 erhielt Germantown städtische Gerechtsame, hatte bis 1707 Bürgermeister und Stadtrat eigener Wahl mit dem Insiegel des Trifoliums: auf einem Blatt ein Weinstock, auf dem andern eine Flachsblume, auf dem dritten eine Weberspule, mit der Inschrift: Vinum, Linum et Textrinum. Lange Zeit blieb Germantown für die deutschen Einwanderer die erste Raststätte nach ihrer Ankunft in der neuen Welt und der Mittelpunkt ihres Verkehrs.

Sehr frühe fanden sich auch Ansiedler aus Württemberg ein, vor allem durch religiöse Beweggründe zur Auswanderung veranlaßt. Ein Pfarrer Ludwig Brounquell aus Löchgau, welcher sich in J. Böhmes Schriften vertieft hatte, wurde nach 20jährigem Streit mit den Kirchenbehörden wegen seiner mystischen Richtung 1679 aus dem Amt entlassen; er gewann Anhang, darunter den Diakonus J. J. Zimmermann aus Bietigheim, der das Ende des „Kirchenbabels" auf 1694 prophezeite und 1684 ebenfalls entlassen wurde. Dieser wandte sich mit seinen Anhängern nach Hamburg und Rotterdam und war eben im Begriff, sich nach Philadelphia einzuschiffen, als er starb. Seine Familie und Anhänger aber fanden Unterstützung bei den Quäkern und kamen zu diesen nach Pennsylvanien, wo sie freundlich aufgenommen wurden. „Die Leute erweisen uns — so schrieb einer nach Hause —

große Liebe; einer schenkte uns 175 Acker Land, eine Stunde von Germantown, und wir fangen an, uns ein Haus zu bauen." Einige Zeit nachher erregte ein Frankfurter Sporergeselle, Rosenbach, von Heilbronn aus Aufsehen im Lande. In der Meinung, besondere Erleuchtung zu haben, durchzog er das Herzogtum, hielt überall Erbauungsstunden, fand unter allen Ständen Anhänger, erregte aber solche Unruhen, daß die Regierung ihn des Landes verwies. Unter seinen Anhängern waren auch Geistliche, so der Diakonus Gmelin in Herrenberg, der 1706 entsetzt wurde, und der Pfarrer Gruber in Hofen, ein geborner Stuttgarter, der sich 1706 nach Schwarzenau zu den Inspirierten begab und von da nach Pennsylvanien.

Von jetzt an wird die Zahl derer immer größer, die in dem Lande der „Freiheit und der Bruderliebe" eine neue Heimat suchten und fanden. Dorthin vor allem wandte sich die zweite Massenauswanderung aus Württemberg im Jahre 1717, und fast das ganze Jahrhundert hindurch blieb die Auswanderung nach Pennsylvanien im Gang. Wie stark sie im ganzen war, läßt sich auch nicht annähernd bestimmen. Ein 1880 in Philadelphia erschienenes Buch von I. D. Rupp giebt nach amtlichen Quellen eine Zusammenstellung der Schiffe und Passagiere, die in den Jahren 1727 bis 1776 in Philadelphia gelandet sind; es sind über 30 000 Namen angeführt, darunter eine große Zahl echt schwäbischer Namen, meistens aber sind in den Listen Württemberger und Pfälzer nicht auseinandergehalten, beide zusammen bilden ein überaus starkes Kontingent der dortigen Einwanderung, in den Jahren 1727/30 2450 Personen, 1731/40 13 200 und in den folgenden Jahrzehnten steigt die Zahl noch beträchtlich. 1757 wanderten 6000 Württemberger auf einmal nach Amerika, meist nach Pennsylvanien; 1759 kamen dort gegen 22 000 Württemberger, Pfälzer und Badener an; 1782 fand abermals eine Massenauswanderung aus Württemberg vor allem nach Pennsylvanien statt.

Die württembergische Regierung war dieser Bewegung gegenüber nicht unthätig. Zwar verbieten konnte sie die Auswanderung nicht, denn schon im Tübinger Vertrag von 1514, unserer ältesten Magna Charta, ist das Recht des freien, d. h. sportelfreien Abzugs gewahrt; aber durch ein Reskript von 1709 wurde vor der Auswanderung gewarnt und der Kauf von Gütern der Wegziehenden verboten; ein neues Reskript von 1717 wandte sich gegen die Auswanderung nach Pennsylvanien und nach Karolina. Die Landschaft stellte 1782 dem Herzog Karl vor, daß die stets ungehört verhallenden Beschwerden über das Militär-, Forst- und Jagdwesen so viele aus dem Lande treiben. Der Herzog seinerseits erließ wiederholt 1782 und 1792 strenge Edikte, „die Auswanderungslustigen ernstlich zu verwarnen, wohl zu überlegen, ob es rätlich sei, das im Vaterland genießende viele Gute gegen die im Ausland ihnen zwar zusichernde, aber höchst ungewisse und unwahrscheinliche Vorteile zu vertauschen . . ." Auch persönlich suchte Herzog Karl auf die Leute einzuwirken, indem er sie am Audienztage kommen ließ und ihnen die eindringlichsten Vorstellungen machte. Aber alle Warnungen verhallten im Winde, alle Erlasse blieben ohne Wirkung. Und doch fanden gar viele jenseits des Ozeans das erträumte Glück nicht. Schon die Reise war höchst mühevoll.

Eine höchst anschauliche Schilderung einer Amerika-Reise jener Zeit hat eine Württembergerin entworfen, die im Jahre 1786 von Herrenberg nach Amerika ging, um ihren wenige Jahre zuvor dorthin ausgewanderten Gatten zu besuchen, die Verhältnisse daselbst kennen zu lernen und allenfalls die Kinder nachkommen zu lassen oder zu holen.*)

---

*) Herr Gemeinderat Lotter in Stuttgart hatte die Güte, die betreffenden Familienpapiere uns zur Verfügung zu stellen.

Nach allerlei kleinen Abenteuern ist die Reisende wohlbehalten in Rotterdam angekommen, wo sie ein treffliches Unterkommen findet, und entgeht während ihres zehntägigen Aufenthalts daselbst glücklich der Nachstellung eines „Seelenverkäufers", eines württembergischen Kaufmanns. Ihr Wirt hat ihr endlich ein nach Philadelphia bestimmtes Rotterdamer Schiff ausgeforscht; die Überfahrtskosten im Betrag von 100 fl. verschlingen jedoch ihre Barschaft bis auf 18 Batzen, die sie für die häusliche Einrichtung auf dem Schiffe vollends aufwenden muß. „Mit bebendem Fuß" — so erzählt die Frau — „und unbeschreiblichen Empfindungen betrat ich das Schiff. Alle Passagiere waren versammelt; es waren meist Bauern und Handwerksleute mit ihren Familien. Der Kapitän ließ mir die Wahl, in welcher Kajüte ich mein Logis nehmen wollte, was faßte deswegen alles scharf ins Auge und zog endlich zu einem Zimmermann, der mit seinem Weibe und zwei Kindern auf dem Schiff war und durch seine ehrliche Miene mir Zutrauen eingeflößt hatte. Nach einigen Stunden brachte mir der Koch ein Butterbrod, das aber nicht geeignet war, Appetit zu machen. Sein Anblick schon war ekelerregend, denn die Butter war voller Haare, Geruch und Geschmack war noch häßlicher. Ich dachte, wenn es mit der Butter jetzt schon so steht, wie wird es erst am Ende der Reise werden; hier konnte ich zugleich meine Zähne am Pumpernickel versuchen. Des Abends wartete ich lange auf ein Nachtessen, aber vergeblich, ebenso vergeblich als des andern Morgens auf ein Frühstück. Man sagte mir, daß man auf dem Schiffe nur des Mittags zu essen bekomme, und wer etwas Weiteres verlange, selber dafür zu sorgen habe. Und da ich nun das Schiffstraktament sah — heute Erbsen, ohne Fett, voll von Würmern, morgen ebenso abscheuliche Gerste, übermorgen wieder Erbsen, und so fort, jeden Tag einen Schoppen Wasser und den Schiffszwieback — da sah ich erst ein, warum die andern so viele Lebensmittel mit sich geschleppt hatten, und mir wurde bange, daß ich von allem entblößt war. Der Zwieback verdient noch besondere Erwähnung; wir bekamen wöchentlich 6 Pfund. Das waren lauter Stücke, schwarz, ohne Geruch und Geschmack wie eine Erdscholle, und steinhart. Ich wußte lange nicht, wie ich dem Ding beikommen sollte, bis endlich Hunger und Not allen Ekel überwand und mich beißen und kauen lehrte. Oft feuchtete ich ihn mit Wasser an, um ihn weicher zu machen; ich versuchte dies auch einmal am Feuer, aber der Kapitän untersagte es uns streng, weil es augenblickliche Krankheit zur Folge habe, und ich sah auch, daß der Zwieback, sobald er warm wurde, von Würmern wimmelte, welches daher kam, daß der übrig gebliebene auf die nächste Reise wieder mitgenommen und nie weggeworfen wird, und sollte er 100 Jahre alt werden. So wenig durfte man unser Essen bei Licht besehen.

Noch 10 Tage lag das Schiff still vor Rotterdam, während man das Schiff vollends ausrüstete und Waren einlud. Der Kapitän, ein noch junger Mann von ungefähr 36 Jahren, lang gewachsen und von schöner Bildung, war anfangs sehr begierig, zu sehen, wie mir die Schiffskost zusage; wie ich daher das erstemal mich mit meinen ungeschmalzenen, von Würmern wimmelnden Erbsen würgte, sah ich ihn von ferne boshaft lachend mir zusehen. Da er sah, daß ich stricken konnte, gab er mir auf, ein Paar Strümpfe für ihn zu stricken, wobei ich meinen größten Fleiß anwandte. Ich bekam zur Belohnung eine Bouteille fremden Weins. Wiewohl ich als feine große Freundin des Weins gerne etwas anderes angenommen hätte, so stellte ich mich doch zufrieden, um ihn nicht zu erzürnen, machte aber sogleich mit dem Schiffskoch einen Akkord, daß er mir für diese Bouteille einigemale von den Bohnen bringen sollte, die die Schiffsmannschaft bekam. Einmal ging dies an, als aber der Koch mir wieder Bohnen bringen wollte, vertrat der Kapitän den Weg und verbot ihm bei scharfer Strafe, einem Passagier etwas anderes zuzutragen, als was ihm gehöre. Von da an hörte die Bohnenspendierung auf.

Am zehnten Tage lichtete man die Anker, ließ sie aber nicht weit davon schon wieder fallen, und wir lagen wieder 14 Tage still, — warum? weiß ich nicht; vielleicht um Passagiere zu erwarten. Auf einem wilden Wasser, der „tolle Hund" genannt, warf der Kapitän Anker, aber nur einen, die Gewalt der Wellen riß diesen nach dem sechsten Tage ab und warf uns auf eine Sandbank. Dies geschah, während ich schlief; als ich erwachte, hörte ich das Schlagen der Wellen, das Toben des Sturmes, das Schreien der Schiffsleute, und sah alles in Angst und Verwirrung. Ich lief aufs Verdeck, ward aber sogleich wieder hinabgewiesen. Der Kapitän rief alle Mannsleute zum Arbeiten herauf und befahl, daß alle Weibsleute in ihren Kajüten bleiben sollten. Während wir hier unser Schicksal mit Zagen erwarteten, strengte sich die Schiffsmannschaft vergeblich an, das Schiff loszubringen. Da die Not mit jedem Augenblick wuchs, so rief der Kapitän einen Lootsen herbei; in einer Stunde hatte dieser das Schiff flott gemacht, wie? weiß ich nicht, denn ich stak voller Todesangst in meiner Kajüte.

Um diese Zeit riß die Seekrankheit unter den Passagieren ein. Allen ward sterbensübel; ich konnte mich kaum noch auf den Beinen halten. Unter den Passagieren befand sich auch ein Bauer Namens Grüz mit Weib und Kindern, man nannte sie nur die „Schiffs-Apollonia", sehr rechtschaffene und gottesfürchtige Leute. Diese Grüzin besuchte mich und fragte mich, warum ich mich gar nicht mehr sehen lasse; ich klagte ihr, daß es mir zu Tode übel sei. Sie lief sogleich zum Kapitän und sagte ihm: „Der Frau bo brunte sei's so waih, man soll ihr doch ebbes geba." Der Kapitän ließ mir sagen, wenn ich Speck habe, solle ich davon essen. Ich hielt diesen Rat für Spott und weinte vor Leid, daß das Schicksal mich unter so rohe Menschen geführt, die, statt einem Unglücklichen zu helfen, seiner noch spotten. Und doch war der Rat gut gemeint; der Speck hätte die Krankheit bälder zum Ende befördert. Ich richtete mich in meinem Bette empor und sah, daß die Krankheit bei den andern schon zur Krisis gekommen. Dieser Anblick wirkte so stark, daß ich laufen mußte, was ich konnte, um das Schliesgatter zu erreichen. Aber die Explosion kam zu frühe, schon auf der Treppe. Ein Matrose, der es sah, fing an, aus vollem Halse zu schimpfen und in den ungeniertesten und gröbsten Ausdrücken zu schelten. Ich dachte: Was sind um Gottes willen das für Menschen, die, anstatt Mitleid zu haben, wenn einem zu Tode wehe ist, noch schimpfen und fast gar prügeln! Doch darf ich die Menschenfreundlichkeit des Kapitäns hier um so weniger übergehen. Während meiner Krankheit schickte er mir von seinem feinen Zwieback, und zwar heimlich, um den Neid der andern nicht rege zu machen. Nachdem ich mich von meiner Seekrankheit erholt hatte, bekam ich das Heimweh, und zwar in einem erbärmlich hohen Grade. Die Grüzin schickte ihren Mann zum Kapitän, daß er es ihm sagen sollte. Da Grüz in breiter Mundart sprach, verstand ihn der Kapitän nicht, und ich mußte nun selbst zum Kapitän und sagte ihm, wo es mir fehle, daß ich um jeden Preis nach Hause zu meinen Kindern zurückkehren müsse, wenn ich nicht vor Sehnsucht sterben solle, daß ich meine Kleider, mein Reisegeld, alles gerne zurücklassen wolle, wenn er mich nur wieder aus Land setzen ließe. Er redete mir zu, versuchte alle Trostgründe, riet mir, meine Gedanken dahin zu wenden, wohin ich gehe, nicht woher ich komme; aber alles vergebens; ich bat ihn um Gottes willen, er möge mich heimziehen lassen. Da er selbst mich nicht vom Schiff entlassen konnte, so ließ er sich bewegen, an den Eigentümer des Schiffes zu schreiben; er schickte den Brief mit einem Boote fort, und ich dachte nun gar nicht mehr an Seereisen, sondern hatte, in bester Zuversicht, daß ich das Schiff verlassen dürfe, meine besten Kleider angezogen. Am Abend kam Antwort zurück; ich sprang vor Freude, aber vergebens, denn der Schiffseigentümer schlug meine Bitten rund ab. So groß meine Freude gewesen war, so groß war jetzt mein Schrecken. Aber auf Zureden des Kapitäns faßte ich neuen Mut.

Endlich lichteten wir die Anker. Mit Kanonenschüssen nahm man von Stadt und Land Abschied, die Matrosen zogen alle Segel auf, sangen Seelieder und stießen mit großer Freude vom Lande ab. Solange wir noch in der Nähe des Landes waren, segelten noch mehrere kleine Schiffe an uns heran, die uns Lebensmittel und allerlei zum Kauf anboten.

Wir fuhren jetzt durch den Kanal zwischen Frankreich und England; da wurden erstaunlich viel Aale gefangen, und ich mußte angeben, wie man sie zubereiten soll, da sie niemand auf dem Schiff zu behandeln verstand. Sie werden erwarten, daß ich zum Danke auch dazu eingeladen worden sei. Aber nein! Obgleich jeder Matrose vollauf Aal zu essen hatte, ich bekam keinen Bissen. Eine solche Gefühllosigkeit setzte mich in Erstaunen und ließ mich am Anfang der Reise schon das Ende derselben sehnlich wünschen, denn ich dachte nicht, daß ich unter Menschen sei. Als wir längs der spanischen Küste hinfuhren, erblickten wir in weiter Ferne Menschen an den Bergen arbeiten. Mein Herz wallte vor Sehnsucht, da ich Land sah; in meinen Augen war jeder glücklich, der nur auf der festen Erde stand. Es begegneten uns mehrere Schiffe. Jedesmal, auch bei jeder Naturmerkwürdigkeit wurden die Passagiere heraufgerufen, daß sie, wie der Kapitän sagte, wenn sie an Ort und Stelle gekommen, doch auch erzählen könnten, was sie gesehen haben, und nicht so dumm wieder heimgehen, als sie ausgegangen seien. Einmal zeigte man uns eine ganze Herde Seehunde, die wie im größten Durste lechzten. Die Matrosen sagten, dies bedeute nahen Sturm; und sie hatten recht. Es kam ein sehr starker Sturm; wir Weibsleute mußten, wie gewöhnlich bei solchen Fällen, das Verdeck räumen und uns in die Kajüten sperren lassen. Alle Luken und Öffnungen wurden mit Deckeln verwahrt und noch mit Pechtüchern überschlagen, daß ja kein Wasser durchbringe. Da saßen wir, herumgeworfen wie Bälle, voll Todesangst und erstickten/ beinahe in den engen Kajüten, und wären auch erstickt, wenn man nicht in ruhigeren Augenblicken wieder etwas frische Luft hereingelassen hätte. So währte es 1½ Tage; unter der Zeit wurde natürlich nicht gekocht, wir nagten an unserem Zwieback. Alle diese gräßlichen Eindrücke vermehrte noch der Anblick der Schiffsleute in Sturmtracht; sie waren alle in einen wasserdichten, schwarzen Zeug gekleidet, mit ungeheuer weiten Hosen und Kapuzen, daß sie aussahen wie der leibhaftige Teufel. So rannten sie unter stetem Geschrei, Pfeifen und Schlagen der Wellen und Seile auf dem Schiff herum. Am zweiten Tag ward ich von dieser Todesangst wieder frei.

Als wir schon eine gute Weile gesegelt waren, fragten wir den Kapitän, wie weit wir noch haben. Er ward darüber ganz toll und sagte, man sollte es verschwören, nicht mit dummen Weibsleuten zu segeln, die einem mit ihren ewigen hirnlosen Fragen und Klagen das Leben blutsauer machen; es sei nicht, wie wenn man in der Chaise fahre; der Fuhrmann könne sagen, wie weit man noch habe und wann man ankomme, aber er nicht, und wenn wir schon Charleston im Gesicht haben, können wir noch wegverschlagen werden, monatelang herumsegeln oder gar untergehen. Er erzählte uns dann so viele Geschichten von Unglücksfällen, die noch an der Küste begegnet seien, daß uns die Haare zu Berg stunden und ich dachte: Möchte dieses Schiff auch 10 Jahre auf der Fahrt sein, wärest du nur daheim bei deinen Kindern!

Nun hatten wir 8 Tage widrigen Wind und mußten lavieren. Man strickte, las, sang, geigte, pfiff und trieb allerlei. Abends saß man auf dem Verdeck und sah dem Untergang der Sonne zu, was auf der See ein fürchterlich prächtiges Schauspiel ist. Oft, wenn wir so ohne Furcht zu Bette gegangen waren, wurden wir mitten in der Nacht durch Geschrei, Kommando, Toben der Wellen aufgeweckt und waren mitten im Sturm; daß jedermann dabei in große, ich aber jedesmal in Todesangst geriet, läßt sich denken.

Hie und da begegneten uns Schiffe, die man zuerst nur wie Tauben aus der Ferne daherfliegen sah, bis sie nach und nach näher kamen. Man fuhr so nahe zusammen, daß man Briefe auswechseln konnte. Es gewährte uns jedesmal die größte Freude, jedes lief aufs Verdeck, die Kapitäne erzählten sich ihre Reiseabenteuer, die Bestimmung ihres Schiffs und dergleichen. Einmal sahen wir einen Nordschein; wie ein großer, feuriger, funkensprühender Palast stand es vor uns. Mit Staunen und Furcht sahen wir diese herrliche Naturerscheinung. Als uns die Zeit wieder einmal lange däuchte, faßten wir ein Herz und fragten den Kapitän, wie weit wir seien, da wir nicht so keck waren zu fragen, wie weit wir noch haben. Er sagte, wenn wir große, 10 Fuß lange Fische sehen, so seien wir halbwegs; natürlich standen wir nun stets am Gitter und harrten, ob nicht bald die 10 Fuß langen Fische sich sehen lassen. Bald sahen wir einen großen, schwarzen Vogel fliegen und triumphierten, Land könne nicht mehr fern sein. Der Kapitän aber versicherte uns, es sei ein Wasservogel, und Landvögel können nicht soweit fliegen. Als ich einmal, gerade da man lange auf guten Wind gewartet hatte, auf dem Verdeck stand mit der Grüzin, trat der Kapitän hinzu, klopfte ihr ganz freundlich auf die Achsel und sagte: „Madame Grüz, mache Sie uns doch guten Wind, so soll Sie morgen die beste Bouteille haben." Die Grüzin kam in die größte Angst, indem sie glaubte, er halte sie im Ernst für eine Hexe, die gut Wetter machen könne, und wehrte sich aus allen Kräften: „Ach, Herr Kapitän, des kann i net, haltet Se mi doch für so keine." „Ja, ist schon gut," sagte der Kapitän lächelnd, der vermutlich gutes Wetter voraussah; am andern Morgen war der Wind günstig, und der Kapitän rief der Grüzin gleich zu: „Sie hat sich brav gehalten, Sie soll die Bouteille haben." „Ach, lieber Herr Kapitän, i kann jo gewiß nix dafür," war die Antwort; zuletzt weinte sie und nahm die Bouteille durchaus nicht an. Man spannte nun alle Tage Segel auf und es ging 10 Tage ganz gut. Um diese Zeit begegnete uns ein Schiff, das uns viel Angst kostete. Es segelte an uns heran, ohne seine Flagge aufzustecken, wie es der Gebrauch ist. Unser Kapitän ließ sogleich alle Passagiere aufs Deck rufen und sich zum Gefechte rüsten. Indes war das andere Schiff ganz nahe gekommen und wurde von unserem Kapitän angeredet. Er fragte nach der Ursach des sonderbaren zweideutigen Betragens. Die Kapitäne wortwechselten hin und her und schimpften sich zuletzt. Doch schieden wir ungebalgt. Unser Kapitän sagte nachher, es sei vermuthlich ein Kaper gewesen, der auf uns Absicht gehabt, aber wegen der Menge unserer Leute sich nicht an uns getraut habe.

Unsere Aufmerksamkeit, wenn sie nicht gerade von Stürmen und sonstigen Unfällen gefesselt war, richteten wir stets auf die verschiedenen Arten von noch nie von uns gesehenen Seetieren, die fast alle 50 Stunden wechselten. Nach kurzer, erträglicher Zwischenzeit fingen die Stürme wieder an, die uns fast bis Philadelphia begleiteten. Es waren die stärksten, die wir noch erfahren hatten, mit steten Blitzen und Donnern. Wer auf dem Lande schon die Gewitter fürchtet, wie ich, den bringen sie auf der See dem Tode nahe. So wie der Donner da brüllte, meinte ich ihn nie gehört zu haben, auch Blitze hatte ich nie so flammen gesehen, und ihr Widerschein auf der Wasserfläche war, daß man in den Schlund der Hölle zu blicken glaubte.

Eine Bauersfrau aus dem Wertheim'schen war in die Wochen gekommen und hatte sich der zärtlichsten Sorgfalt des Kapitäns zu erfreuen, der neben vielen schlechten Eigenschaften doch auch manche gute zeigte; mit seinen Leuten hielt er Betstunden, wir aber hielten unsere Gottesdienste abgesondert, an jedem Sonntag las ein Bauer eine Predigt vor, der wir gewiß andächtiger zuhörten als dem Pfarrer auf dem festen Lande; denn das, daß das Element, auf dem man lebt, nicht fest ist, treibt zur Gottesfurcht und zum Gebet.

Wir fragten auch den Kapitän wieder, wie weit noch? Noch 3—400 Stunden; wenn wir ganz große Fische sehen, seien wir noch 200 Stunden vom Lande entfernt; wenn Landvögel kommen, noch 100; wenn das Wasser statt dunkelgrün hellgrün sei, noch 50. Wir sahen nun stets nach den großen Fischen, schöpften alle Augenblicke Seewasser herauf, um zu sehen, ob es noch nicht hellgrün sei. Auch stiegen viele Passagiere an den Strickleitern hinauf, um Land zu erblicken. Endlich doch, nachdem wir lange vergeblich und sehnsuchtsvoll danach gesehen hatten, kamen die großen Fische, endlich die Landvögel und endlich rief ein Matrose: Land! Die Seeleute brüllten Hurrah! und uns Passagieren war wie den Träumenden. Man muß die Leiden und Todesschrecken ausgestanden haben wie ich, um einen Begriff von meiner Freude zu haben. Und gerade zur rechten Zeit endigte unsere Fahrt, da schon etliche Tage der Skorbut eingerissen hatte, und der Kapitän sagte, wenn wir in 8 Tagen nicht Land gewinnen, so sei die ganze Mannschaft verloren. Ehe wir noch in Philadelphia landeten, kamen wir an eine kleine Insel, wo der Kapitän mit einigen Passagieren frische Speisen, Kraut, Rüben, Eier und dergl. kaufte, um seine Kranken in guten Stand zu bringen. Die den Kapitän begleitet hatten, brachten von den Bewohnern dieser Insel, ebenfalls ausgewanderten Deutschen, niederschlagende Nachrichten mit, daß sie noch so arm seien, als bei ihrer Ankunft, daß sie das nicht gefunden, was man ihnen vorgespiegelt habe u. s. w. Darüber gerieten die Auswanderer in die größte Bestürzung; alle verwünschten die Reise und schrieen und wehklagten die ganze Nacht. Der Lootsmann übernahm jetzt die Leitung des Schiffs, bald kam auch ein Zollbeamter, der den Zoll einnahm, und ein Arzt, der eines jeden Auge und Zunge besichtigte. Der Kapitän fuhr zuerst in die Stadt, und bald kamen Leute aller Art, um die Passagiere auszulösen, d. h. sie bezahlten das Reisegeld für sie und nahmen sie dafür in Dienst. Während dieses Handelns war das lamentabelste Geheul auf dem Schiff.

Am andern Morgen fuhr ich mit dem Kapitän auf einem Boote in die Stadt Philadelphia; er führte mich in einen Gasthof, der den Namen führte „Zum König von Preußen". Als ich noch auf dem Schiffe war, hatte mir ein Zuckerbäcker Namens Löffler aus Herrenberg, da er erfahren, daß eine Herrenbergerin auf dem Schiffe sei, allerlei Erfrischungen geschickt; dieser kam nun sogleich in mein Logis und bewillkommnete mich herzlich. Mehrere Württemberger, die da waren, hatten große Freude an mir und boten mir ihre Dienste an. Ich erfuhr da, daß meine Landsleute, wenn sie auch im Vaterlande nichts nach einander fragen, doch im Ausland wie Geschwister zusammenhalten. Der Kapitän gab sich alle Mühe, mir ein Schiff nach Charleston aufzufinden. Während der 6 Tage, die ich mich in Philadelphia aufhalten mußte, ward ich auch zu Dr. Franklin eingeladen, wo ich eine Gesellschaft von Kaufleuten traf, die mich durch ihre artige Behandlung all meine Leiden, fast mein Vaterland vergessen machten. Die Stadt hatte lange, gerade Straßen und schien mir sehr groß. Das Gehen auf dem festen Boden war mir so neu, daß, wo ich ging, die Leute riefen: „Die ist auch auf dem Schiff gewesen."

Der Kapitän hatte mir endlich auf einem englischen Schiff, das nach Charleston fuhr, einen Platz bestellt — für 30 fl. — und begleitete mich bis vor meine Kajüte, empfahl mich sehr dringend dem englischen Kapitän, gab mir die Hand und sagte: „Leben Sie wohl, Madame, reisen Sie glücklich, lassen Sie auch von sich hören!" Dabei war er so bewegt, daß ihm die Thränen über das Gesicht liefen. Ich konnte diese Weichlichkeit mit der großen Härte, die er oft auf dem Schiffe bewiesen hatte, nicht reimen und dachte, vielleicht reue ihn seine unfreundliche Behandlung. Auf meinem jetzigen Schiff hatte ich mich der freundlichsten Behandlung zu erfreuen, nur that es mir — was Frauenzimmer am leichtesten begreifen werden — sehr and nach Gespräch und Unterhaltung, da die Schiffsmannschaft nur englisch redete. Statt 3 Tagen brauchten wir 10 nach Charleston, da wir durch Stürme von der Küste weggetrieben wurden. Endlich hörte ich auf einmal ein großes Freudengeschrei auf dem Schiffe; ich fragte, was es gebe. Charleston! riefen sie und deuteten in die Ferne. O Charleston! rief ich und breitete meine Arme darnach aus. Da lag es — das Ziel meiner Wünsche, die Frucht meiner Angst, still und schön, von der Sonne bestrahlt, wonnesam.

Der Kapitän ging vorher in die Stadt, nach 2 Stunden ließ er mich hineingehen in Begleitung von zwei Matrosen, die mich, sobald ich das Land betrat, ohne weiteres derb unter den Armen faßten und führten, weil man einen schwankenden Gang hat, wenn man vom Schiffe kommt. Mein Reisegeld bezahlte ich nicht, auch den mich begleitenden Matrosen konnte ich nichts geben, weil ich von Anfang meiner Seereise kein Geld mehr hatte. Aber was kümmerte mich das! Wenn du nur erst in Charleston bist, dachte ich, dann wird sich alles geben. Jetzt war ich da, aber allein und fremd, wohin nun? Aus Briefen von meinem Mann wußte ich, daß er bei seiner Ankunft in Charleston von einem Metzger Niethammer aus Unterjettingen gütig aufgenommen worden war. Voll Vertrauen auf die Menschheit, ging ich geraden Wegs auf dieses Haus zu, und mein Vertrauen hat mich nicht getäuscht. Mit der ausgelassensten Freude, wie eine längst erwartete Verwandte, ward ich aufgenommen. Voll Angst, etwas Niederschlagendes zu hören, fragte ich nach meinem Mann, man sagte mir, daß er noch lebe und gesund sei, gegenwärtig aber sich 150 Stunden von Charleston auf dem Lande aufhalte, wo er Waren gegen Landesprodukte auswechsle. Als ich nach einem Ausgange nach Haus kam, traf ich mehrere Frauen an, die alle zugleich aufs freundlichste mich grüßten und sagten: „Ich bin auch eine Württembergerin, ich bin daher, ich dorther, logieren Sie auch ¼ Jahr bei mir, wenn ich Ihnen nicht zu schlecht bin . . ." Es waren Frauen von Maurern, Gerbern, Zimmerleuten u. dgl., die alle in Hinsicht auf Kleidung und Bildung bei uns für adelige Damen hätten gelten können, und im Niethammer'schen Hause wohl es wie in den vornehmsten Häusern bei uns. Ich lernte hier mit freudiger Bestürzung eine Republik kennen und sah, daß gar kein Unterschied der Stände ist, ein Handwerk gar keiner Geringschätzung bloßstellt, daß ein Gerber Gouverneur werden kann, und wenn er das gewesen ist, wieder Gerber wird und bleibt. Wie angenehm dieses uns steife, ceremoniöse Württemberger überrascht, ist begreiflich, man glaubt sich da in die goldenen Zeiten versetzt. Nach und nach lernte ich auch den Charakter der Amerikaner von einer liebenswürdigen Seite kennen. Hört man, daß eins in Not sei, so strömen von allen Seiten Wohlthaten zu; ist ein Schiff mit hilflosen Leuten gelandet, so streitet man sich darum, wer sie beherbergen und pflegen dürfe. Eines aber ist ihnen unerträglich — Faulheit. Wer arbeiten will, der ist geborgen.

Unter denen, die mich gleich anfangs besuchten, waren auch der Bruder meines Schwagers Schmid und seine Frau. Auch sie boten mir Logis an. Am andern Tage erwiderte ich die Visite und fand alles in gräflichem Stil. Während ich über die Straßen ging, rief man aus vielen Häusern mir zu: Warum besuchen Sie nicht auch mich? Ich bin auch eine Württembergerin, bin ich nicht auch so gut wie jene? u. s. w. Gleich im Anfang meines Aufenthalts kam auch ein gewisser Doktor Seeger in das Niethammer'sche Haus. Er war aus Ludwigsburg, in der hohen Karlsschule erzogen, durch meinen Schwager Schmid veranlaßt, nach Charleston zu reisen, wo er goldene Berge finden sollte. Seeger fand sich in seinen Hoffnungen bitter getäuscht. Da in Amerika die Ärzte zugleich Apotheker sind und er dazu weder Geld noch Kenntnisse hatte, so fand er sich in der größten Verlegenheit. Er war ganz verzweifelt, verfluchte den Schmid, sich selbst, Charleston und die ganze Welt. Niethammer und seine Frau munterten ihn auf und gaben ihm Rat, wie er es anfangen müsse. Er folgte ihnen, ging zu einem Arzt, der nahm ihn zu sich, instruierte ihn in allem, verschaffte ihm Kredit und machte sein Glück. Ich selbst war noch in Charleston Zeuge, daß er ganz glücklich und zufrieden war.

Am dritten Christfeiertage, als ich eben zur Thür hinausgehen will, erschrecke ich an drei abenteuerlichen Gestalten, die, im Begriffe hereinzukommen, gerade vor mir stehen. Herein tritt ein ewig langer, baumstarker Mann, seine Gesichtsfarbe pomeranzengelb, durch die Nase einen dicken silbernen Ring, mit langen, auf die Achseln herabhängenden Ohren, einen Hut mit Federbusch auf dem Kopfe, eine graue Soldatenuniform mit roten Aufschlägen, an der Seite einen Wurfspieß statt des Degens. Bei ihm war ein anderer Indianer desselben Aussehens und ein Dolmetscher. Der erste, den ich gleich für einen indianischen großen Herrn erkannte, reichte Herrn Riethammer einen Brief, den wir an der Überschrift sogleich für einen Brief von meinem Mann erkannten; er gab sich für einen indianischen König an, der hieher gereist sei, um sich bei dem Gouvernement über das vertragswidrige Betragen einiger weißer Kaufleute zu beschweren und im Falle ihm die Satisfaktion verweigert werde, mit einem Überfall zu drohen. Er habe unterwegs Bekanntschaft mit meinem Mann gemacht und von ihm gehört — dieser hatte inzwischen von Charleston aus Nachricht erhalten —, daß eben seine Frau auf Besuch da sei; so sei er begierig geworden, ein so seltenes, wunderbares Weib zu sehen, das ihrem Mann zulieb eine so weite Reise zu unternehmen fähig sei, und habe deswegen einen Brief von ihm zur Empfehlung verlangt. Wir setzten uns hierauf in Gesellschaft. Der König sprach mit dem Dolmetscher indianisch, dieser mit Herrn Riethammer englisch, und dieser mit mir deutsch, und so ging's zurück. Endlich lud der König mich ein, mit ihm in sein Land zu reisen. Daß er im Sinne hatte, mich neben ihn auf seinen indianischen Thron zu setzen, wie einige meiner Freunde dafür halten, glaube ich nicht; hatte er es aber im Sinn, so folgt, daß ich schon eine Krone wählen konnte, aber ausgeschlagen habe."

Endlich trifft der Gatte in Charleston ein; es ist ein rührendes Wiedersehen. Aber bald ergreift die Frau namenlose Sehnsucht nach ihren Kindern; vergeblich bietet ihr Mann sich an, die Kinder zu holen; sie beharrt darauf, sie selbst zu holen, weil die Kinder mütterlicher Sorgfalt auf der Reise bedürfen, und so reist sie im Februar 1787 wieder nach Europa zurück, trifft nach mancherlei Abenteuern im Mai in Herrenberg ein mit dem letzten halben Kreuzer in der Tasche, und ist glücklich, ihre Kinder gesund wieder zu sehen.

Unsere Reisende war verhältnismäßig günstig daran, da sie die Kosten der Überfahrt bezahlen konnte; aber schlimm erging es denen, welche dies nicht konnten und dafür dem Rheder einen Schuldschein ausstellten, der durch Arbeitsleistung in Amerika einlösbar war. So unverfänglich eine solche Abmachung zu sein scheint, so entwickelte sich daraus allmählich ein völliger Menschenhandel, oder wie er genannt wurde der „Deutschenhandel". Über die Art und Weise, wie er gehandhabt wurde, haben wir ausführliche Schilderungen von Zeitgenossen. Der Kantor Gottlieb Mittelberger, der 1750 eine in Heilbronn gebaute Orgel nach Philadelphia begleitete, 3 Jahre Organist und Schulmeister in Trappe war und dann nach Deutschland zurückkehrte, schreibt darüber:

„Wenn die Schiffe nach der langen Seefahrt bei Philadelphia gelandet sind, so wird niemand herausgelassen, als wer die Seefracht bezahlt hat; die andern müssen so lang im Schiff liegen bleiben, bis sie gekauft und durch ihre Käufer vom Schiff losgemacht sind... Alle Tage kommen Engländer, Holländer und hochdeutsche Leute aus Philadelphia und sonstigen Orten aufs Schiff und suchen sich die zu ihrem Geschäfte Tauglichsten heraus und handeln mit ihnen, wie lang sie für ihre Seefracht dienen wollen. Wenn man nun des Handels eins geworden ist, so geschieht es, daß erwachsene Personen für diese Summe nach Beschaffenheit ihrer Stärke und Alters 3, 4, 5—6 Jahre zu dienen sich schriftlich verbinden; die ganz jungen Leute aber müssen servieren, bis sie 21 Jahre alt sind. Viele Eltern müssen ihre Kinder verhandeln und verkaufen wie das Vieh, damit nur die Eltern vom Schiff frei und los werden. Da nun die Eltern oft nicht wissen, wohin ihre Kinder kommen, so geschieht es oft nach dem Weggehen vom Schiff, daß Eltern und Kinder viele Jahre lang oder gar lebenslänglich einander nicht mehr zu sehen bekommen."

Wie sehr dieser Menschenhandel im Schwang ging, zeigen die damaligen Zeitungen. Anzeigen wie die folgende sind gar nichts Seltenes: „Philadelphia, den 9. November 1764. Heute ist das Schiff Boston ... hier angelangt mit etlichen 100 Teutschen, unter welchen sind allerlei Handwerker und junge Leute, sowohl Manns-, wie Weibspersonen, auch Knaben und Mädchen. Diejenigen, welche geneigt sind, sich mit dergleichen zu versehen, werden ersucht, sich zu melden bei D. Rundle in der Frontstraße." Es waren nicht bloß Handwerker und Feldarbeiter, die auf diese Weise ihre Überfahrt abverdienten, auch arme Studenten und Schullehrer kamen auf den Arbeitsmarkt. Dieser Menschenhandel wurde dadurch noch härter, daß die Kontrakte übertragbar waren, so daß der „verbundene Knecht", die „verbundene Magd", der „Serve", wie ein Handelsartikel von Hand zu Hand ging. Hier einige Beispiele solcher Anzeigen: „Philadelphia, 4. August 1766. Es ist zu verkaufen einer deutschen Magd Dienstzeit; sie ist ein starkes, frisch und gesundes Mensch und wird keines Fehlers wegen verkauft, sondern nur, weil sie sich in den Dienst nicht schickt, in welchem sie jetzt steht; sie versteht alle Bauernarbeit, wäre auch gut für ein Wirtshaus; sie hat noch 5 Jahre zu stehen." „Philadelphia, 25. März 1775. Zu verkaufen die Dienstzeit einer verbundenen Magd .. sie wird keines Fehlers wegen verkauft, sondern nur darum, weil ihr Meister so viel von dem weiblichen Geschlecht beisammen hat .." Daneben liest man aber auch von entwichenen Knechten und Mägden Steckbriefe, worin für die Festnahme eine Belohnung von 5 Schilling bis 5 Pfund versprochen wird.

Nicht minder empörend als dieser Menschenhandel ist das System des Werbens. Die Verschiffung der Auswanderer, deren Arbeitskraft für die richtige Bezahlung des Fahrgeldes sichere Garantie bot, erwies sich als ein so vorteilhaftes Geschäft, daß ein ganz raffiniertes System des Werbens, die „Seelenverkäuferei" entstand. Anfangs stellten die Rheder ihre Agenten in den Hafenstädten auf die Lauer, um die eintreffenden Auswanderer abzufangen; aber dieser beschränkte Standpunkt wich bald einem förmlichen Treibjagen, wofür namentlich Süddeutschland ein Feld bot. Die Werber, die meist schon in der neuen Welt gewesen waren und daher „Neuländer" hießen, reisten in prunkvollem Aufzuge, nicht selten in eleganten Fuhrwerken, mit goldenen Ringen, Ketten und Uhren, und machten Schilderungen von Amerika, als ob dort Milch und Honig flösse, als ob die Berge voll Gold und Silber wären. Die herbeigelockten Scharen aber wurden mitleidslos in den Schiffen zusammengepfercht, die oft genug ein Schauplatz des Jammers und Entsetzens waren. Um diesen Mißständen zu steuern, bildete sich im Jahre 1764 die „Deutsche Gesellschaft in Philadelphia", welche überaus segensreich gewirkt hat, indem sie mit vereinten Kräften den bedürftigen Landsleuten Beistand leistete und bessern Rechtsschutz verschaffte, überhaupt alle deutschen Bestrebungen förderte.

Wenn aber gar mancher Auswanderer in der neuen Welt Knechtschaft statt Freiheit fand, so durften anderseits Glücklichere völlige Freiheit genießen, sowohl politische, als insbesondere religiöse. Es ist eine große Mannigfaltigkeit von Religionsgemeinschaften, die auf Pennsylvaniens freiheitlichem Boden in üppiger Fülle sproßten, und fast bei allen finden wir Schwaben vertreten. Allein es ist ein buntes Gewirr, es fehlte jegliche Gemeindeorganisation. Nur ein Beispiel dafür. In der schwäbisch-pfälzischen Kolonie Tulpehofen, wo auch K. Weiser b. J. 1729 sich niedergelassen hatte, baute man in dieser Zeit eine Kirche und Schule. Ein Schneider, Namens Leutbecker, wurde Schulmeister. Er wußte es aber dahin zu bringen, daß er von einem Teil der Gemeinde zum Geistlichen gewählt wurde. Die Gegenpartei berief den Pfarrer Storer aus Halle, der jedoch ebenfalls nicht allgemein anerkannt wurde. K. Weiser mit seinem Anhang schloß sich an Zinzendorf an, welcher 1741/43 Nordamerika bereiste. Allein bald durchschaute Weiser die Kehrseite der glänzenden Eigenschaften des Grafen klar. Zinzendorf — so urteilt Weiser über ihn — sei ein Mann, der in seiner Jugend das Unglück gehabt habe, daß sein starker Eigenwille nicht gebrochen worden ist, er sei der hochgeborene Graf geblieben, kommandiere gern und par force, sei in seinen Unternehmungen leichtsinnig und sehr hitzig, aber auch bald wieder kalt, ein arbeitsamer Mann, Tag und Nacht nicht müßig, um den Schaden Josephs bekümmert; aber er, Weiser, getraue sich nicht, Zinzendorfs Sachen auseinanderzulesen, das Gute besonders und das Böse besonders. Beides sei eben bei ihm vermischt; es sei auch nicht glaublich, daß er sich aus dem verwirrten Wesen ohne die starke Hand Gottes herauswickeln werde, denn sein Leben liege darin. Weiser trat nun, allerdings auch nur für kurze Zeit, der Sekte der „Siebentäger" bei, die den siebenten Tag der Woche feierten, zum großen Ärger der Herrnhuter, die deshalb ihn totzubeten beschlossen. Um die drei streitenden Parteien zu versöhnen, wurde sodann auf Veranlassung des Pastor Mühlenberg in Philadelphia ein württembergischer Geistlicher berufen, Pfarrer Wagner in Horkheim; allein auch er hatte keinen entscheidenden Erfolg und kehrte enttäuscht 1759 nach Europa zurück. Die Verwirrung wurde noch gesteigert durch verschiedene Abenteurer, so durch einen württembergischen Vagabunden, stud. J. Engelland, dann durch einen Menschen, der sich Prinz von Württemberg nannte und wahrscheinlich ein Deserteur war. Endlich nach langen Kämpfen fand die Gemeinde in Pastor Brunnholtz aus Halle einen würdigen Seelenhirten. Es ist erfreulich zu lesen, wie man auch in Württemberg, besonders in Stuttgart und Tübingen, für die amerikanische Mission durch Sammlung von Geldbeiträgen und Sendung von Geistlichen lebhaft thätig war. So wurde 1753 vom evangelischen Konsistorium J. S. Gerock hinübergeschickt, der 14 Jahre in Lancaster, dann in New-York und endlich bis zu seinem Tode 1787 in Baltimore thätig war. Großes Ansehen genoß auch sein Landsmann und Kollege M. Hausihl, ein Mann von Talent und Energie, vermählt mit Sibylle Mayer aus einer Ulmer Familie, die nach Amerika auswanderte, und deren Nachkommen jetzt zu den angesehenen Familien von Maryland gehören. 1753 kam J. F. Schertlin, Pfarrer in Zell, nach Pennsylvanien, war aber in seiner Probepredigt, deren Thema „die pragmatische Sanktion" war, nicht sehr glücklich, wurde abgelehnt, zog nach Westen, wurde Farmer, dann aber wieder Pfarrer, bis er vor den Indianern fliehen mußte. Auch J. Daser aus Schorndorf, der als junger Magister herüberkam, hatte ein ziemlich abenteuerliches Leben; er wurde Pfarrgehilfe bei einem deutschen Geistlichen in Charleston, heiratete dessen Tochter und wurde nach dem Tod seines Schwiegervaters Pfarrer; sein Leben scheint aber nicht ganz geistlich gewesen zu sein, er geriet in Schulden, wurde abgesetzt und erhielt Geld zur Heimreise; unterwegs brach ein Sturm aus, der das Schiff zur Umkehr nötigte; nach manchen Irrfahrten wurde er dann Pfarrer in Süd-Karolina. Ph. J. Groz aus Cannstatt wirkte als Geistlicher in Pennsylvanien, dann lange Zeit in hoher Achtung im Mohawkthal, wo er 1809 starb. M. G. Hohl starb als Bischof der Brüdergemeinde in Pennsylvanien 1787; M. Faber aus Rosenfeld war viele Jahre Geistlicher in Charleston, J. Driesler bei den am Savannah angesiedelten Salzburgern, Chr. Bernhard aus Königsbronn in Nord-Karolina. Sie alle aber überragt H. M. Mühlenberg, der geistesmächtige Organisator, der „Patriarch" der lutherischen Kirche in Pennsylvanien, zwar kein Schwabe — er stammt aus Hannover — aber mit einer Schwäbin vermählt, der trefflichen Tochter Konr. Weisers. Diese Männer haben — wie Kapp bemerkt — um die Hebung, Bildung und den Zusammenhalt unserer Landsleute in Amerika sich großes Verdienst erworben, indem sie das einzige ideale Element in die Anschauungen der teils verwahrlosten, teils verwilderten Menschen brachten. Diese Prediger waren ihre Lehrer und Erzieher, ihre Freunde und Helfer in der Not, sie vermittelten für die Deutschen das Gefühl des Zusammenhangs, sie pflegten in ihnen das meistens winzig kleine Saatkorn der Kultur, das nur zu oft zu verdorren drohte.

Das geistige und materielle Gedeihen der deutschen Ansiedlungen erhielt aber einen harten Stoß durch die Indianerkämpfe. Lange Zeit lebten unsere Landsleute auf ihren vorgeschobenen Posten im Frieden mit den Indianern. Ja nicht ohne Erfolg missionierten sie unter ihnen, so Konrad Weiser, der als Begleiter des Grafen Zinzendorf wiederholt in ihrer Mitte erschien, um das Zeichen des Kreuzes aufzupflanzen. Dazu war er wie sein zweiter geeignet; war er doch einstens als Knabe, bald nach der Übersiedlung seines Vaters nach Schoharie, zu einem Indianerhäuptling gebracht worden, und hatte während eines achtmonatlichen, allerdings sehr entbehrungsreichen Aufenthalts genaue Kenntnis der Sprache und des Charakters der Indianer sich erworben. Bezeichnend hiefür ist eine Episode, die sich bald nach seiner Rückkehr in Weisersdorf einst abspielte. Es sollte ein Wettrennen zwischen dem flinksten Indianer und dem flinksten Schwaben stattfinden. Mit der größten Spannung folgte man dem Rennen. Weiser und sein Gegner hielten im Lauf nah zusammen; noch einige Sätze zum Ziel, da sprang der junge Weiser gegen den Indianer, daß er fiel und der Schwabe am Ziel anlangte. Darüber unbeschreiblicher Jubel bei den einen, allgemeine Erbitterung bei den andern. Jeden Augenblick konnte es zu Thätlichkeiten kommen; allein Weiser, klüger als seine Landsleute, ging mit wahrer Leichenbittermiene von einem Indianer zum andern, beteuerte seine Ehrlichkeit, erklärte den Ausgang für einen Zufall und verzichtete auf den Preis. Die Indianer wollten jetzt dem Schwaben an Edelmut auch nicht nachstehen und nötigten ihm den Siegespreis auf. Dieselbe Klugheit zeigte Weiser noch oft als Vermittler mit den Indianern, und diese schätzten ihn hoch als ihren „guten Vater". Wiederholt hat er die schwierigsten diplomatischen Sendungen mit großem Geschick zum glücklichen Ziele geführt, so daß sein Name zu den hervorragendsten in der Kolonialgeschichte Pennsylvaniens gehört. Diesmal aber ließen sich die Indianer nicht besänftigen. Verstimmt durch das Vordringen der Weißen über die blauen Berge hinaus, gereizt durch die Franzosen, erschienen sie im Jahre 1755 scharenweise, mit schwarzer Farbe betupft, und die weiten Strecken nördlich und südlich von den blauen Bergen verwandelten sich in einen Mordgrund. Aber tapfer wehrten sich unsere Landsleute. K. Weiser selbst, obgleich schon 59 Jahre alt, stellte sich als Oberst an die Spitze eines Milizregiments und ruhte nicht, bis die Feinde bezwungen waren. Bei den Friedensverhandlungen leistete er noch einmal seinem neuen Vaterlande die ersprießlichsten Dienste; dann beschloß er 1760 sein thatenreiches Leben; auf einem Hügel bei Womelsdorf liegt er begraben; auf dem einfachen Grabstein steht nur: „Konrad Weiser, geboren 1696 Württemberg, 1760 gestorben."

Nicht minder tapfer zeigten sich unsere Landsleute im Unabhängigkeitskriege. „Die Deutschen in Pennsylvanien — so berichtet eine 1775 in Philadelphia erschienene Flugschrift — haben sich nah und fern sehr hervorgethan und nicht allein ihre Milizen errichtet, sondern auch auserlesene Jägercorps, und diejenigen, welche selbst nicht Dienste thun können, sind durchgehend willig, nach Vermögen zu gemeinsamem Besten beizusteuern." In Reading zum Beispiel bildete sich neben der Bürgergarde eine Compagnie „der alten Männer" aus 80 Schwaben und Pfälzern von 40 Jahren und darüber; ihr Oberst war 97 Jahre alt, war 40 Jahre im Kriegsdienst gewesen und bei 17 Hauptschlachten; ihr Trommelschläger war 84 Jahre alt.

Einen sehr wichtigen Dienst leistete der aus der Haller Gegend eingewanderte Farmer Leibig seinem neuen Vaterlande, indem er dem am Brandywine geschlagenen Washington einen Weg über das Gebirge zeigte und ihn so vor der Kapitulation rettete. Zur Belohnung dafür wurde er bei Washington zu jeder Zeit vorgelassen. Daß auch unter der

Dienerschaft Washingtons Schwaben waren, zeigt eine Handschrift der Stuttgarter Bibliothek, ein Zeugnis, das Washington seinem Kammerdiener Jakob Baur ausstellte, und worin er dessen Treue und Tüchtigkeit mit warmen Worten anerkannte.

Während des Unabhängigkeitskriegs erhielt die Auswanderung eine zeitweilige Unterbrechung, und in den Städten machte sich bald ein Rückgang des deutschen Elements bemerkbar; nicht so auf dem Lande, wo sich deutsche und vielfach schwäbische Eigenart bis heute erhalten hat. Das „Pennsylvanisch=Deutsche" ist schon oft Gegenstand des Spottes gewesen, aber es ist eine ganz natürliche Dialektbildung, eine Mischung der schwäbischen und pfälzischen Mundart mit zahlreichen englischen Worten und Wendungen. Auch manche Gebräuche erinnern an die schwäbische Heimat: das fröhliche Treiben beim Mostbereiten, das heitere Fest der Metzelsuppe mit „Knackwurscht und Leberwurscht", der Speisezettel bei der „Hochzig" mit „Sauerkraut" und „Schweinefleisch" und „Krumbiere". Die Bildung dieser Landdeutschen ist allerdings nicht sehr hoch; ihre Büchersammlung beschränkt sich meist auf Bibel, Gesangbuch, Arndts wahres Christentum, Habermanns Gebete und dergleichen; aber nicht selten ersetzt ihnen ein gesunder Mutterwitz und richtiges Urteil die Schulweisheit, so daß schon manche zu den verantwortlichsten Ämtern berufen wurden, und selbst unter den pennsylvanischen Gouverneuren sich solche schwäbischen Namens finden, wie Snyder (Schneider), Wolf, Schunk, Hartranft.

3. Württemberger in den übrigen Staaten der Union.

Ein Teil jener Auswanderer, die 1709 bei London lagen, wurden, etwa 650 an der Zahl, nach Nord=Karolina gebracht und siedelten sich unter der Führung eines Schweizers — Graffenried — am Trent an. Den ersten Kolonisten folgten bald weitere. Aus den Zeiten dieser Einwanderung stammt die Sage vom „Feuerschiff", die jetzt noch nicht ganz verklungen ist. Alljährlich, so erzählt die Sage, an einem Tage erschien an der Küste von Nord=Karolina ein Naturbild, welches genaue Ähnlichkeit mit einem brennenden Schiffe hatte. Die Erscheinung kam immer näher, bis sie dicht vor dem Hafen plötzlich verschwand, um in der Ferne abermal sichtbar zu werden und in der Nähe wieder zu verschwinden. Alles schien in hellen Flammen zu stehen, und doch brannte es nicht, kein Rauch stieg auf, keine Funken sprühten, kein Mast stürzte nieder. Das Schiff war allgemein bekannt als das Feuerschiff. Zur Zeit des Königs Georg — wird weiter erzählt — seien eine Anzahl Schwaben und Pfälzer nach London gekommen mit der Bitte, nach Karolina befördert zu werden, was auch geschah. Diese Auswanderer waren weit wohlhabender als sie schienen, waren mit Gold und Kostbarkeiten versehen, hielten sie aber geheim. Die Fahrt war langwierig, die Kost knapp; um so größer war die Freude, als Land in Sicht kam. In dieser Freude vergaßen die Auswanderer die lang gewahrte Vorsicht, die verborgenen Schätze kamen zum Vorschein, jeder packte aus und ein, um die Landung nicht zu verzögern. Das Schiffsvolk war erstaunt und hatte bald seinen Plan gefaßt. Das Schiff wendete sich; es hieß, man befürchte Riffe und Untiefen, und die Küste entschwand nach und nach vor den sehnsüchtigen Blicken. Die Sonne ging unter, und nach einem klagenden Abendgesang begaben sich alle zur Ruhe. Da schlichen die Matrosen herbei, ermordeten die Schlafenden; ein Sturz nach dem andern ins dunkle Meer beschloß die blutige Scene. Dann wurde die Beute geteilt, Boote wurden ausgesetzt, das Schiff angezündet, und die Unholde ruderten aus Land. Das brennende Schiff aber näherte sich dem Lande, der Brand war gelöscht, jedoch eine gespensterartige Glut, wie Höllenfeuer, lag auf den Wänden und Tauen. Entsetzt flohen die Mörder in den Wald und siedelten sich da und dort an. Das Feuerschiff aber erschien jedes Jahr, bis der letzte Enkel des letzten Mörders ein Verbrechen am Galgen gebüßt hatte. Der Sage liegt die Thatsache zu Grunde, daß Raub und Mord zur See nichts Ungewöhnliches war, und mancher Auswanderer das Opfer der Habsucht der Seeleute wurde.

Stärker als in Nord-Karolina war die schwäbische Einwanderung in Süd-Karolina, wo das 1679 gegründete Charleston zu einem wichtigen Hafenplatz sich emporschwang. Hier landeten etwa im Jahre 1730 eine Anzahl württembergischer und schweizer Familien, gründeten am Edistofluß das Städtchen Orangeburg, und allmählich war die ganze Umgegend von Schwaben und Schweizern bewohnt; der Zuzug war anhaltend und beträchtlich. So kamen im Jahre 1763 mehrere Hundert Württemberger auf einmal herüber. Der Offizier Stümpel hatte an 600 Württemberger und Pfälzer nebst Sachsen und Westfalen in London zusammengezogen, um sie auf seine Güter in Neu-Schottland zu bringen, ließ aber die meisten, namentlich die Süddeutschen, rat- und hilflos in London. Auf Betreiben des dortigen deutschen Predigers Wachsel wurden sie auf zwei Schiffen nach Charleston gebracht. Hier erhielten sie Unterstützung und Ländereien im Innern zur Ansiedlung. Unter diesen Kolonisten scheint aber eine greuliche Verwilderung eingerissen zu sein. So wird zum Beispiel von einem Namens Weber berichtet, er habe sich für Jesus Christus ausgegeben, seine Frau für die Jungfrau Maria, einen Dritten, den er gemietet, für den Teufel, und habe unter seinen Landsleuten großen Anhang gefunden; er verordnete, daß der Satan in einer düstern Höhle angekettet ward; endlich befahl er, Satanas müsse aus der Welt. Der arme Teufel wurde in ein Bett gelegt, mit Kissen und Decken umhüllt und erstickt; die Leiche wurde feierlich verbrannt. Die Behörden ließen den Mörder verhaften und hängen. Im Lauf der Zeit wurde es besser. Mit dem steigenden Wohlstand wurden Kirchen und Schulen errichtet, und in Charleston und andern Orten Süd-Karolinas erwarben sich unsere Landsleute eine geachtete Stellung.

Selbst bis in den äußersten Süden der Union gelangten württembergische Auswanderer. Etwa gleichzeitig mit der Gründung von Neu-Orleans 1717 entstand das Projekt des berüchtigten französischen Finanzabenteurers John Law, das später die „Mississippi Seifenblase" genannt wurde und Tausende von Menschen an den Bettelstab brachte. Die „Westliche Compagnie", welche mit Millionen entwerteter Staatspapiere gegründet wurde, um im Mississippi-Gebiet Handel zu treiben, ließ Ansiedler anwerben; etwa 2000 Deutsche, von eitlen Versprechungen bethört, wurden an der Mündung des Flusses angesiedelt, wo sie elend zu Grunde gingen. Daß auch Württemberger darunter waren, läßt sich aus einem herzoglichen Restripte vom Jahre 1720 schließen, das sich gegen die Einwanderung „auf der in Nordamerika liegenden Insel Mississippi" wandte. Auch ein schwedischer Hauptmann von Aaronsburg, der eine Württembergerin geheiratet, führte ebenfalls auf Laws Verheißungen hin Württemberger und Elsäßer nach Louisiana und siedelte sie etwa sechs Stunden oberhalb Neu-Orleans an; ihnen scheint es besser gegangen zu sein; denn noch 1750 war ihre Niederlassung die bedeutendste jener Gegend.

Wie im Süden, so siedelten sich Württemberger auch im Nordosten der Union, in Neu-England an. Geraume Zeit hatte sich die deutsche Einwanderung von hier ferngehalten, bis das Beispiel W. Penns, deutsche Ansiedler herbeizuziehen, Nachahmung fand. Ein deutscher Kaufmann in Boston, S. Waldo, der in Maine ausgedehnte Ländereien gekauft hatte, reiste im Jahre 1738 nach

Deutschland, um Kolonisten zu holen. Etwa 40 Familien folgten ihm und gründeten das jetzige Waldoborough. Um seinem Unternehmen weitere Ausdehnung zu geben, ließ er durch einen „Neuländer" in Württemberg und der Pfalz werben, im ganzen über 200 Personen. Diese landeten im Oktober 1741 nach mancherlei Mühseligkeiten in Boston und wurden von hier aus durch Waldo zur Mündung des Medomack geleitet, wo ein paar Blockhütten ihnen ihre künftige Heimat anzeigten. Noch war der Winter nicht hereingebrochen, noch schimmerte der Wald in seiner spätherbstlichen bunten Pracht, der „Indianersommer" hatte für die Ankömmlinge einen ungewöhnlichen Reiz. Aber die wenigen schönen Novembertage waren bald vorüber, und nun stellte sich der harte Winter ein. In wenig, eilig aufgebauten Hütten zusammengedrängt, mußten die armen Leute entsetzlich von Kälte leiden. Der Frühling brachte neuen Mut, und die Kolonie begann aufzublühen. Aber der Indianerkrieg 1744 vernichtete mit roher Hand, was so viel Mühe und Entbehrung gekostet hatte, sogar Waldoborough wurde zerstört. Nach dem Frieden 1748 kehrten die überlebenden Kolonisten zurück, um die verheerten Ansiedlungen wieder aufzubauen. Waldo gelang es im Jahre 1749, weitere 30 Familien herüberzubringen; dadurch kam frisches Leben in die Kolonie, und bald erhob sich ein kleines Kirchlein, in dem regelmäßiger Gottesdienst gehalten wurde.

Während so die Küstenstaaten angesiedelt wurden, wandte sich ein anderer Teil der Kolonisten dem Westen zu. Obgleich die Franzosen das ganze Gebiet westlich von dem Alleghany-Gebirge als ihr Eigentum beanspruchten, so waren doch die Engländer nicht minder bemüht, Rechte darauf zu erlangen, und schon 1744 erwarben sie durch Vermittlung K. Weisers von den Indianern weite Strecken im Ohio-Thal, wo sich nun namentlich Süddeutsche ansiedelten. Die Franzosen ihrerseits verstärkten ihre Positionen am Ohio durch Errichtung von Forts, und so entspann sich eine lange Reihe von Kämpfen, bis durch den Frieden von 1763 alle französischen Besitzungen in Nordamerika östlich vom Mississippi in britische Hände übergingen. Auch die Indianer schienen sich mit Ruhe in ihr Schicksal zu ergeben. Allein unter der Asche glomm der Funke, der noch einmal in hellen Flammen emporloderte, als der Häuptling Pontiak, ein Mann, ausgezeichnet durch seine imposante Gestalt und sein stolzes Auftreten wie durch seine kühne Tapferkeit und glänzende Beredsamkeit, die Indianer für seinen Plan zu gewinnen wußte, durch einen Hauptschlag die verhaßten Eindringlinge zu vernichten. Die gesamten Stämme des Westens schlossen sich der Verschwörung an, und an einem bestimmten Tage — 3. Juni 1763 — fielen die Wilden in Scharen über die nichts ahnenden Weißen her. Ein entsetzliches Blutbad und grauenvolle Verwüstung wurde angerichtet. Allein auch die Weißen sammelten ihre Scharen, und ihrem tapfern Führer Bouquet gelang es, die Indianer niederzuwerfen. Unbeschreiblich war die Freude, als die Gefangenen ihre Freiheit wieder erlangten. Bekannt ist aus Coopers Indianergeschichten jene Erzählung, wie eine deutsche Frau aus der Ferne herbeieilte, um ihre Tochter zu suchen, die neun Jahre zuvor als Kind von den Wilden entführt und nun befreit worden war; sie erkannte in einem Mädchen ihr Töchterlein wieder, allein dieses gab keinerlei Zeichen des Erkennens als Erwiderung der mütterlichen Liebe. Die Frau jammerte, daß ihr Kind sie vergessen; da kam sie auf den Gedanken, eines ihrer Wiegenlieder anzustimmen; sie sang: „Allein und doch nicht ganz allein, Bin ich in meiner Einsamkeit," und siehe da, kaum vernahm das Mädchen diese Klänge, so stimmte es mit ein, und sank freudig an das Herz der Mutter. Dieses Mädchen war Regina Hartmann aus Reutlingen; ihr Vater und Bruder waren in den Kämpfen gefallen, die Mutter geflüchtet, sie selbst mit ihrer Schwester weggeschleppt; diese blieb verschollen; aber ihr war es vergönnt, die Mutter wiederzusehen, und das deutsche Lied hat nach jahrelanger Trennung Mutter und Tochter wieder vereint.

Noch längere Zeit zog sich der „kleine Krieg" hin, wobei eine Anzahl Deutsch-Amerikaner eine Rolle spielten, vor allem zwei Männer schwäbischen Namens: Ludwig und Jakob Wetzel, „Indianertöter" genannt. Noch jetzt erzählt man im Ohiothal von den Wagnissen dieser Rinaldini des Westens, von ihrer Kühnheit aber auch ihrer Grausamkeit; indessen ist nicht zu leugnen, daß in jenen Pionierzeiten der ersten Ansiedlung und Eroberung des Westens diese Männer wesentliche Dienste geleistet haben.

Auch mit der frühesten Geschichte von Cincinnati ist ein schwäbischer Name eng verknüpft, der eines Offiziers Lutz. Ende des letzten Jahrhunderts stritten sich drei Ansiedlungen, nicht weit voneinander entfernt, um die Vorherrschaft im Ohiothal: Columbia, Cleves und Cincinnati. Anfangs hatte Columbia den Vorsprung; allein als bestimmt wurde, daß in Cleves ein Fort zum Schutz der Ansiedler erbaut werden solle, neigte sich der Vorteil entschieden dieser Niederlassung zu. Während nun Lutz die Vorbereitungen zum Bau des Forts traf, machte er, wie erzählt wird, die Bekanntschaft einer schwarzäugigen Schönen; ihr Vater, die Gefahr bemerkend, welche die Nähe von Mars und Venus mit sich brachte, siedelte schleunigst nach Cincinnati über. Sofort rekognoszierte der galante Befehlshaber diesen Platz und fand, daß er für einen Militärposten weitaus der günstigste sei. So wurde hier das Fort angelegt, und unter seinem Schutz blühte Cincinnati zum großen Handelsemporium auf, wurde die „Königin des Westens".

III. Das neunzehnte Jahrhundert.

1. Allgemeines.

In den ersten 15 Jahren unseres Jahrhunderts war die Auswanderung aus unserem Lande nach Amerika keine bedeutende. Die Kriege folgten sich zu rasch und rafften zu viel Mannschaften weg. Andrerseits kamen seit dem Unabhängigkeitskrieg der Vereinigten Staaten Vorstellungen über dieses Land in Umlauf, die eine Auswanderung dorthin nichts weniger als verlockend erscheinen ließen: es herrsche dort — so hieß es — nichts als Ungerechtigkeit, Empörung, Verwirrung, kein Mensch sei seines Eigentums und Lebens sicher. Allein trotzdem begann, sobald die Napoleonischen Kriege vorüber waren, die Massenauswanderung aufs neue. König Friedrich hatte durch ein Reskript von 1807 die Auswanderungsfreiheit aufgehoben. König Wilhelm I gab dem Volk auch dieses Recht, wie so manche andere, wieder. Tausende machten davon Gebrauch, entmutigt durch die Drangsale des Kriegs und die eingetretene Teurung, ratlos durch die Stockung der Geschäfte und die gesunkenen Güterpreise, mißmutig auch über die politischen Verhältnisse, welche die kühnen Hoffnungen von dem Aufschwung eines freien Volkslebens bitter enttäuschten. Jedes Jahr, sobald der Schnee schmolz, zogen ganze Scharen aus ihrem Vaterlande. Schon im Jahre 1816 waren die holländischen Häfen mit Auswanderern, von denen ein beträchtlicher Teil aus Württemberg stammte, überfüllt. Im Frühjahr 1817 begann eine wahre Völkerwanderung; von März bis Juli allein zogen etwa 6000 Württemberger nach Nordamerika; in den zwanziger Jahren ließ die Auswanderung etwas nach, nahm aber im nächsten Jahrzehnt wieder bedeutend zu; so kamen zum Beispiel im Frühjahr 1832 an einem Tage durch Koblenz sieben Flöße mit 700 Auswanderern aus der Umgegend von Stuttgart und weitere Fahrzeuge mit 1000 Auswanderern aus der Gegend von Heilbronn. In den vierziger Jahren war der Zug über den Ozean wieder besonders mächtig, was den rührigen und umsichtigen Landtagsabgeordneten, Finanzkammerdirektor Werner, 1844 zum Versuch der Gründung eines Auswanderungsvereins veranlaßte, die Regierung aber zu wiederholten ernstlichen Warnungen vor der Auswanderung nach Amerika. Die fünfziger Jahre, gleich ungünstig für die Landwirtschaft wie für das Handwerk, brachten die Auswanderung auf den höchsten Stand des Jahrhunderts.

Nach einer von Professor Dr. F. C. Huber ausgearbeiteten Statistik erreichte die Auswanderung aus Württemberg in den fünf Jahrzehnten 1815/61 die Ziffer von 300 000, wozu das größte Kontingent stellten die Jahre 1849/52 mit 67 000 und 1852/55 mit 70 000 Personen; in den drei Jahrzehnten 1861/91 ergiebt sich für die Auswanderung über See rund 150 000, nämlich): 1861/64: 14 000; 1864/67: 21 000; 1867/70: 22 000; 1870/73: 16 000; 1873/76: 8000; 1876/79: 4000; 1879/82: 24 000; 1882/85: 28 000; 1885/88: 15 000; 1888/91: 18 000. Hievon wandten sich 99 Prozent nach dem Unionsgebiet, 1 Prozent nach Brasilien und den andern amerikanischen Ländern. Wie sich die Württemberger auf die einzelnen Staaten und Territorien der Vereinigten Staaten verteilen, ist nicht zu bestimmen; es ist nur sicher, daß sie am schwächsten in Neu-England und den Südstaaten, am stärksten in der nördlichen Hälfte der inneren Staaten, besonders in Ohio, Illinois, Michigan, Minnesota, Wiskonsin vertreten sind, aber nirgends ganz fehlen.

2. Schwaben-Kolonien in Amerika.

An einzelnen Orten finden wir in Amerika ausschließlich schwäbische Kolonien, als die wichtigsten die von Georg Rapp gegründeten.

Johann Georg Rapp wurde am 1. November 1757 in Iptingen, Oberamt Maulbronn, geboren als der Sohn eines Bauern, machte sich in der Schule durch sein aufgewecktes aber auch eigensinniges Wesen bemerklich, verriet auch frühe eine religiöse Anlage und hervorstechende Herrschergabe. Nach seiner Konfirmation erlernte er die Leineweberei, begab sich dann mehrere Jahre in die Fremde und vermählte sich 1783. Vorher schon war er, von religiösem Eifer erfüllt, Mitglied der Pietistenversammlung geworden, fand aber dort die ersehnte Befriedigung nicht, trat aus und begann nun, in der Überzeugung, durch eigenes Ringen Christum gefunden zu haben, Privatversammlungen zu halten. Vor den Kirchenkonvent geladen, 1785, erklärte „Räpple", er habe ein besseres Licht bekommen, sei von Gottes Geist gelehrt, erkenne den Pfarrer nicht als den Diener Gottes an und werde daher nicht zu Kirche und Abendmahl gehen, verweigerte auch beim Ruggericht den Huldigungseid. Beim Landvolk, das, vom Pietismus stark durchdrungen, der separatistischen Richtung sehr zugänglich war, gewann er bald zahlreiche Anhänger; sie traten der Kirche schroff entgegen: Taufe, Konfirmation, Abendmahl wurden verschmäht, selbst der Schulbesuch verweigert. Es fand daher 1787 eine amtliche Untersuchung in Iptingen statt, wobei Rapp mit großer Heftigkeit auf der Göttlichkeit seiner Sache beharrte und erklärte, nur dann zur Kirche zurückkehren zu wollen, wenn sie eine christliche sei. Daraufhin wurde er mit zweitägiger Arreststrafe bedacht und ihm und seinen Anhängern die Landesverweisung angedroht. Bei der Eröffnung der Strafe erwiderte Rapp dem Oberamtmann „mit viel Stolz und Impertinenz": „Was kann ich dafür, daß die Leute von allen Orten sich zu mir drängen; wenn sie von Euren Geistlichen im Lande etwas Gutes hören könnten, so würden sie nicht zum armen Räpple im Zwilchkittel nach Iptingen laufen."

Und als der Oberamtmann ihm Schweigen gebot, da er kein Prophet sei, sagte er: „Ich bin ein Prophet und habe den Beruf dazu; ich werde thun, was der Geist Gottes mich heißen wird." Wiederholte Strafen und Warnungen folgten, sogar vom Herzog selbst, an den sich der Iptinger Gemeinderat in einer Immediateingabe gewendet hatte. Aber alles vergebens. Der Zulauf wurde immer größer. Ein Bericht des Oberamtmanns von 1802 äußerte sich dahin: Leute aus einer Entfernung von 12—15 Stunden kommen an Sonn- und Festtagen nach Iptingen; Rapp teilt das Abendmahl aus; die damit verbundenen Liebesmahle dauern bis in die Nacht hinein; bei den Festen fallen 60—88 fl. Opfer, bei welchen Rapp, jetzt einer der vermöglichsten Bürger des Orts, sich selbst nicht vergißt. Die Fremden bringen Naturalien im Überfluß und bestellen, da sie öfters mehrere Tage bleiben, die Rappschen Güter. Sein Anhang ist durch das ganze Land verbreitet und soll 10—12 000 Personen stark sein. Aus dem Benehmen bei dem letzten Krieg lasse sich schließen, daß sie sich mit revolutionären Gedanken tragen, und es sei zu befürchten, daß die Sekte bei ihrer starken Vermehrung dem Staat bedenklich werden möchte. Auch von anderer Seite wurde das politisch Bedenkliche der Bewegung betont. So hebt der Pfarrbericht von Knittlingen 1801 hervor: „Es giebt Leute hier, welche gerne die Auftritte des Bauernkriegs von 1525, die Unruhen Thomas Münzers und die Münster'schen Unruhen zu erneuern gedächten." Mehr komisch als bedenklich erscheinen dagegen die Hoffnungen, welche die Separatisten auf Napoleon setzten; sie erblickten in ihm einen ihrer Brüder, ja sogar „den Sohn Gottes, der alle zu Separatisten umzuschaffen habe"; manche grüßten sich mit den Worten: „Gelobt sei Gott und sein Sohn Bonaparte"; einer erklärte dem Pfarrer, er werde sein Kind nicht taufen lassen bis zur Entscheidung Bonapartes, an den er geschrieben; ein anderer nannte sein Kind „Bonaparte", einer sogar „Vivat Bonaparte".

Endlich — im Jahre 1803 — wanderte Rapp mit seinem 20jährigen Sohn Johannes und zwei Anhängern nach Amerika aus, als dem von Gott zur Sammlung seines Volks bestimmten Lande, überzeugt, daß dort die Wiederkunft Christi binnen Kurzem zu erwarten sei. In Baltimore predigte Rapp den dortigen Deutschen mit großem Beifall und erhielt namhafte Geldunterstützung. Nachdem er Maryland, Pennsylvanien und Ohio durchstreift, kaufte er bei Pittsburg 6000 Acker Land. Auf die Nachricht hievon brachen etwa 700 seiner Anhänger auf und kamen im September 1804 in Philadelphia an, wo sie von Rapp empfangen wurden; sie waren von Iptingen, Aurich, Großglattbach, Eberdingen, Vaihingen, Horrheim, Ober- und Unterriexingen, Hochdorf, Lomersheim, Ölbronn, Dürrmenz, Knittlingen, sowie aus dem Remsthal.

In der Nähe von Pittsburg, in einer meist mit Wald bedeckten Gegend gründete Rapp seine erste Niederlassung, die er nach Apostelgeschichte 4, 32 Harmony nannte, und in der er nun das Ideal der ersten Christengemeinde zu verwirklichen suchte. Am 15. Februar 1805 kam der Gesellschaftsvertrag zu stande, wonach die Kolonisten ihr sämtliches Vermögen zusammenschossen und sich zur gemeinschaftlichen Arbeit verpflichteten. Rapp war der geistliche, Reichert, sein Adoptivsohn, der weltliche Vorsteher, sieben Älteste waren beigeordnet. Die Arbeiter wurden in Gruppen geteilt je mit einem Obmann, welcher die Ordnung bei der Arbeit vorschrieb, Erzeugnisse und Waren ablieferte und jeden mit den Bedürfnissen des Haushalts versorgte. Nun fing man rüstig an, den Wald auszuroden, das Land zu bebauen, Wohnungen, Scheunen und Werkstätten zu errichten. Bald aber fühlten manche der Anhänger Rapps mit Mißbehagen den Druck seiner schweren Hand; sie klagten über harte Arbeit und schlechte Kost. „Die Arbeit — so schreibt ein langjähriges Mitglied der Gesellschaft — dauert von 5 oder 5½ Uhr morgens bis 7 oder 8 Uhr abends, frei ist nur eine halbe Stunde zum Frühstück und eine Stunde zum Mittagessen. Die Leute bekommen nur so viel zu essen, daß sie zur Arbeit tüchtig bleiben. Das Frühstück besteht aus Maisbrei oder Wassersuppe, das Mittagessen aus Gemüse oder einer Mehlspeise, das Abendessen aus Suppe oder aus Milch und Kartoffel. Außerdem erhalten sie im November oder an Weihnachten je 35—40 Pfund Fleisch für eine Person über 14 Jahren als Vorrat für das ganze Jahr. Zum Getränke erhalten sie nichts als Wasser, nur von Mai bis September nicht ganz einen Schoppen Bier täglich." Kein Wunder, wenn es Unzufriedene gab. Etwa 80 Familien verlangten das Vermögen zurück, erhielten es auch kraft eines Richterspruchs und gründeten unter J. Haller die Kolonie Blumenthal, die noch heute besteht, wo der Einzelne für sich arbeitet und eigenes Vermögen besitzt. Der größere Teil der Kolonisten aber blieb Rapp treu, und die Ansiedlung blühte rasch auf, die Felder prangten in den üppigsten Saaten, Weinberge wurden angelegt, Obst veredelt, Fabriken gegründet und erfolgreich betrieben, Maschinen erfunden und vervollkommnet; kurz es war in jeder Beziehung eine Musterwirtschaft. Trotz dieses blühenden Standes der Kolonie verkaufte sie Rapp 1815 um 100000 Dollars wegen der ungünstigen Verkehrswege, zog mit den Seinen nach Indiana und gründete hier Neu-Harmony. Trotz des heißen Klimas, das zahlreiche Arbeiter hinwegraffte, wurde der Kampf mit der Wildnis erfolgreich aufgenommen. Die Lücken wurden durch einen Zuzug von 130 Ankömmlingen aus Württemberg 1817 ergänzt, und bald erfreute sich „Neu-Harmony" derselben Blüte wie Harmony. 1824 wurde es um eine halbe Million Dollars an den schottischen Sozialisten R. Owen verkauft. Rapp kehrte nach Pennsylvanien zurück und errichtete hier auf einem Hügel am Ohio seine dritte Kolonie „Economy."

Blick auf Economy.

Es war indessen nicht bloß ein vorübergehendes Werk, was die Kolonie in Indiana vollbrachte, sondern abgesehen davon, daß sie hier eine Stadt begründete, war sie auch an dem politischen Aufbau des Staats thätig. Als im Jahre 1816 eine Versammlung einberufen wurde, um für den werdenden Staat Indiana eine Verfassung zu geben, wurde Friedr. Rapp, der Sohn des alten Rapp, als Abgeordneter des betreffenden Bezirks erwählt und nahm an den Beratungen wirkungsvollen Anteil; und als 1820 die Gesetzgebung von Indiana zehn Bürger zu Kommissären ernannte, um einen passenden Platz für eine Hauptstadt aufzusuchen, da gehörte auch Friedr. Rapp zu den Ernannten. Er begab sich mit seinen Gefährten zu der Stelle, wo heute Indianapolis steht, und sie erwählten diesen Platz zum Ort der künftigen Hauptstadt. Wohl schwerlich hat es damals Rapp geträumt, daß schon wenige Jahrzehnte später sich hier eine große, stolze Stadt ausdehnen werde, in der Tausende seiner Landsleute sich niederlassen und deutsche Kultur einbürgern würden.

Auch die dritte Rappsche Kolonie Economy blühte rasch auf. Die Seele des Ganzen war Rapp. Herzog Bernhard von Sachsen-Weimar, der 1826 auf seiner Reise durch Amerika auch Economy besuchte, schildert uns in seinem Reisewerk Rapp als „einen großen, 70jährigen Mann; die Jahre scheinen seine Kräfte um nichts vermindert zu haben; seine Haare sind grau, aber seine blauen, von starken Augenbrauen beschatteten Augen sind voll Feuer und Leben; seine Stimme ist stark und voll Ausdruck; durch eine eigentümliche Gestikulation weiß er dem, was er sagt, einen besonderen Ausdruck zu verleihen; er spricht im schwäbischen Dialekt mit etwas Englisch vermischt; was er sagt, ist durchdacht und wird deutlich vorgetragen." Dem Namen nach war er nur der geistliche, in Wahrheit auch der weltliche Vorsteher, und trat als Stellvertreter Gottes auf, dem alle Glieder der Gesellschaft zu unbedingtem Gehorsam verpflichtet waren. „Mein Wille ist Gesetz" — pflegte er zu sagen — „und darf von niemand gebrochen werden." Widerspruch gegen seine Befehle ist Sünde wider den heiligen Geist. Von den Seinen ließ er sich zwar Vater nennen, in Wahrheit war er ihr gestrenger Herrscher. Auch seine Lebensweise war dem entsprechend. Er wohnte in einem stattlichen, von Gärten umgebenen Haus, ließ sich einen kostbaren Thron darin errichten, wo er sich den Seinen unter den Klängen der Musik zeigte; hielt einen guten Tisch, speiste auf silbernem Geschirr, hatte prächtige Weine in seinem geräumigen Keller, hielt vier Pferde und zwei Kutscher; Sommers begleitete Rapp die Arbeiter zu Pferd und kommandierte sie bisweilen unter fürchterlichen Drohungen auf dem Feld herum. Die Allgewalt seines Willens zeigte besonders die Einführung der **Ehelosigkeit.** Anfangs war die Ehe den Kolonisten gestattet; bald aber wurde sie aus religiösen und wohl auch finanziellen Gründen verboten. Im Jahr 1807 predigte Rapp, die Ehe sei wider Gottes Willen, nur die Ehelosen werden vor Christus bestehen, der bald wiederkommen werde und zwar — so genau lautete die Weissagung — am 15. August 1829. Fortan wurden die Eheleute getrennt, wer die Ehe fortsetzen wollte, wurde ausgestoßen. Diesen drohte Rapp, sie werden unter den letzten die bodenlose Hölle verlassen und erst nach Millionen Jahren voller Leiden Vergebung finden. 1820 that er einen neuen Schritt, um die ganze Gemeinde in seine Gewalt zu bekommen, er ließ sich zum alleinigen Eigentümer des Gesamtvermögens machen. In einer Predigt am Bundesfest 1820 führte er aus, wie der 1805 geschlossene Vertrag, in welchem die Einlagen des Einzelnen verzeichnet waren, im Widerspruch mit der Bibel sei, da bei der ersten Christengemeinde niemand etwas sein eigen genannt habe. Jene Urkunde wurde verbrannt, eine neue aufgesetzt, „die Urkunde des Lebens", wonach die Mitglieder der Gesellschaft all ihr Vermögen in Geld und Gütern, das sie besaßen und noch erwarteten, an Rapp und seinen Adoptivsohn abtraten und im Falle des Austritts auf jeden Anspruch an Entschädigung verzichteten. Diese Urkunde wurde von sämtlichen unterzeichnet. Rapp war damit der unumschränkte Herr und Gebieter, und seine Kolonie läßt sich kurz mit den drei Worten charakterisieren: Willenlosigkeit, Ehelosigkeit, Eigentumslosigkeit.

So hart aber diese Organisation für den Einzelnen gewesen sein mag, für das Ganze trug sie reichlich Früchte. Herzog Bernhard, der gesteht, durch das was er vorher über die Rappisten gehört habe, gegen sie eingenommen gewesen zu sein, äußert sich in den rühmendsten Worten über die großartigen Erfolge der Kolonie nicht nur in der Landwirtschaft, sondern auch in der Industrie. „Es ist erstaunlich, wie viel vereinte und zweckmäßig geleitete menschliche Kräfte in so kurzer Zeit auszurichten vermocht haben." Abwechslung in

Das Haus Georg Rapps in Economy.

das emsige Wirken und Schaffen brachten zahlreiche religiöse Feiern. Zweimal Sonntags und einmal Mittwochs predigte Rapp. Viermal wöchentlich waren abends erbauliche Versammlungen, dreimal im Jahr gemeinsame Mahlzeiten; häufig waren musikalische Unterhaltungen; „wenn die Mädchen von der Arbeit ausruhen, versammeln sie sich in einem der Arbeitssäle, 60—70 an der Zahl, um zu singen. Rapp hat viel Freude am Gesang; ein Stuhl steht für ihn bereit, und er setzt sich in ihre Mitte. Der Gesang klingt wunderlieblich und sehr vollstimmig ... sie sangen anfangs geistliche Lieder, sodann auf Rapps Verlangen auch lustige. Mit wahrer Rührung wohnte ich dieser interessanten Scene bei" (Herzog Bernhard a. a. O.).

Mit großer Spannung sah man dem 15. August 1829 entgegen. Der Tag kam, aber die erwartete Wiederkunft Christi blieb aus. Die Unzufriedenheit namentlich unter den jüngeren, welche die Heiratsgedanken nicht verwinden konnten, wuchs und äußerte sich in bittern Klagen. Die Lage war kritisch. Da erschien als Retter in der Not ein Brief, der die bevorstehende Ankunft des

Gesandten Gottes verkündigte und unterschrieben war „im Auftrag des Gesandten und Gesalbten Gottes vom Stamm Juda, aus der Wurzel Jesse, geschrieben von Samuel, einem gesalbten Diener Gottes aus der profanen Welt, Hauptbibliothekar in Frankfurt Dr. phil. et theol. Joh. G. Gäntjan." Triumphierend rief Rapp seiner Gemeinde zu: „Ihr seht jetzt, daß ich ein Prophet bin, und daß meine Zeitrechnung eingetroffen ist." Nach langem Warten kam der „Gesalbte Gottes" in der Person eines kühnen Abenteurers, der in der Gegend von Frankfurt a. M. tolle Streiche verübt und noch rechtzeitig vor der Polizei sich geflüchtet hatte, von Haus aus Bernhard Müller hieß, später Proli und jetzt Graf Leon sich nannte. Hoch zu Roß, ein Schwert an der Seite, unter Pauken- und Trompetenschall hielt er am 18. Oktober 1831 seinen Einzug in Economy. Zwei Wochen später waren Rapp und Graf Leon die erbittertsten Gegner, und zum größten Ärger Rapps traten viele jüngere Mitglieder der Kolonie auf die Seite des Ankömmlings. Schließlich wurde eine Abstimmung beschlossen, 500 erklärten sich für Rapp, 178 für Graf Leon. Diese erhielten eine Abfindungssumme von 105 000 Dollars und gründeten nun eine Kolonie „Neu-Jerusalem", die aber nur kurzen Bestand hatte; es entstanden Streitigkeiten; das Geld war bald aufgezehrt; Graf Leon mußte fliehen und starb in bitterer Armut. In Economy aber hatten sich die Wogen bald wieder geglättet, und Rapp schwang sein siegreiches Scepter, bis der Tod ihm die Augen schloß, 7. August 1847. Auf ihn folgte als Vorsteher R. Backer, ein umsichtiger und milder Mann, diesem 1871 Jak. Henrici, der hochbetagt, aber immer noch rüstig ist. Jetzt ist infolge mangelnden Zuzugs die Kolonie am Aussterben und der Auflösung nahe. Mit Rücksicht darauf ist ein Erbschaftsprozeß eingeleitet um das Millionen betragende Vermögen. Die Angaben schwanken zwischen 5 und 12 Millionen Dollars. Was die Persönlichkeit Rapps betrifft, so lauten die Urteile verschieden. Die einen erklären ihn für einen echten Gottesmann und Glaubenshelden, die andern für einen verschmitzten Heuchler, für einen in religiösen Nimbus gehüllten Sklavenhalter. Unstreitig war er eine eigenartige, in mancher Beziehung bedeutende Persönlichkeit, ein Mann von tief religiösem Gefühl, eiserner Willenskraft, umfassender Geschäftskenntnis und ungewöhnlichem Organisations- und Herrschertalent; aber auch schwärmerisch und fanatisch, herrschsüchtig und habgierig. Er hielt sich für einen Gottesgesandten und suchte das Ideal der Urgemeinde zu verwirklichen, aber übte mit aller brüderlicher Liebe, sondern absolute Herrschaft aus; er erwartete die Wiederkunft Christi, aber sammelte doch irdische Schätze in Menge. Bei diesen innern Widersprüchen konnte sein Werk keinen Bestand haben, es ist eine meteorartige Erscheinung, plötzlich aufstrahlend, aber rasch wieder erlöschend.

Eine ähnliche Kolonie wie die der Rappisten ist die der Zoariten, ebenfalls aus einer sektiererischen Bewegung hervorgegangen. Ihre Heimat ist Rottenacker bei Ehingen a. D., ihre Stifterin eine dort Ende des letzten Jahrhunderts aus der Schweiz eingewanderte Person, Barbara Grubermann, genannt das Schweizerbabele. Diese verkündigte das baldige Ende der heutigen Weltperiode, den bevorstehenden Sturz der herrschenden Kirche, der verführerischen Babel und die unmittelbar bevorstehende Aufrichtung des 1000jährigen Reichs. Die „Prophetin" wurde zwar aus Rottenacker ausgewiesen, allein sie hatte bereits Anhänger gewonnen, die eine schroffe Haltung gegen Kirche und Obrigkeit einnahmen. Den Geistlichen schmähten sie als den Pfaffen, der ein greuliches Sündenleben führe; einer warf ihm vor, der Pfarrer wisse nicht einmal, wo der Sitz der Seele sei, er dagegen wisse, daß die Seele im Herzen sei, und die Vernunft ins Herz hinunterfallen müsse: im Herzen, in der Angstkammer, müsse Christus wesentlich geboren werden. Die Beamten nannten sie Räuber und Drachen, Teufelsgesandte und Satansbrut; weigerten sich, ihre Kinder in die Schule zu schicken und der Militärpflicht zu genügen. Es kam daher zu wiederholtem Einschreiten seitens der Obrigkeit, sogar zu militärischen Exekutionen und zu Zuchthausstrafen bis zu neun Jahren. Endlich entschloß sich eine Anzahl Familien zur Auswanderung, ein Teil wandte sich nach Kaukasien, ein Teil nach Nordamerika 1817, wo die Quäker 6000 Thaler für sie gesammelt hatten. Damit bestritten sie die Überfahrt; einige traten bei den Quäkern in Dienst; die andern wanderten nach Ohio, wo ihr Führer Jos. Mich. Bäumler inzwischen 5500 Acker für 25 000 Thaler gekauft hatte. Dort legten sie am Fluß Tuskarawa die Ansiedlung Zoar an. Die Zoariten, oder wie sie sich selbst nennen, „Kirche des Reichs Gottes" haben strenge Gütergemeinschaft, lassen aber Ehe und Familienleben zu. Ihre religiösen Begriffe sind auf Mysticismus beruhend, schwärmerisch und dunkel: aber das finstere Asketentum findet bei ihnen keine Stelle, und die Anlagen von Zoar sind, wie Augenzeugen berichten, ein Muster von Ordnung und Lieblichkeit. Deutsches Wesen und deutsche Sprache hat sich so fest erhalten, daß der Besucher sich förmlich in ein schwäbisches Dorf versetzt glaubt. Der Landkomplex beträgt nun über 9000 Acker, die Gewerbethätigkeit ist sehr rege, der Handel mit den mancherlei Erzeugnissen des Bodens und der Industrie bedeutend.

Das Ganze steht unter einem Verwaltungsrat von drei Mitgliedern, von denen jährlich eins auf drei Jahre gewählt wird. Die Frauen sind in allen Gemeindeangelegenheiten stimmberechtigt. Die Form des Gottesdienstes ist so einfach als möglich: Gemeindegesang unter Orgelbegleitung, Lesen eines Bibelabschnitts, dann einer Predigt, hierauf Schlußgesang; kein Gebet. Der Gründer der Gemeinde ist Verfasser der Predigten, sie reichen auf drei Jahre, dann wird wieder von vorne angefangen. Anfangs wurden die Kinder vom zweiten Lebensjahr an gemeinschaftlich erzogen; diese Einrichtung bewährte sich jedoch nicht, und die häusliche Erziehung trat wieder in ihr Recht. Für musikalische Unterhaltung sorgen ein Orchester für Blasinstrumente und ein Streichquartett, bestehend aus jungen Leuten des Dorfs, die niemals einen anderen Musikunterricht als den in der Schule von Zoar genossen. Die Gemeinde, die etwa 300 Mitglieder zählt, genießt den Ruf nicht nur der Arbeitsamkeit und Wohlhabenheit, sondern auch der Ehrlichkeit und strengen Wahrhaftigkeit.

Eine andere blühende Schwabenkolonie findet sich seit den dreißiger Jahren in Michigan. 1839 schrieb Dr. Hammer, der als katholischer Missionar in Michigan wirkte, man treffe dort eigentlich deutsches Leben nur an drei Orten, von diesen sei die Ansiedlung der Württemberger mit Pastor Schmid in der Nähe von Ann-Arbor weitaus die wohlhabendste, ihr Getreidebau und Viehstand habe nicht seinesgleichen in Michigan. J. G. Kohl, der auf seinen Reisen in Nordamerika 1855 zu dieser württembergischen Kolonie kam, erzählt darüber folgendes: Ein paar Männer aus der Gegend von Stuttgart kamen 1830 nach Amerika, und da es gerade die Zeit war, wo Michigan das Modegeschrei war, und wo alles davon als von einem Paradiese redete, so machten jene Männer sich auf nach Michigan und kamen an die Stelle, wo jetzt die hübsche Stadt Ann-Arbor blüht. Das Land war gerade damals erst „angefangen", Feldarbeiter und Handwerker waren noch sehr wenige da. Da aber doch einmal eine Stadt hier entstehen sollte, so legten alle, Farmer und Kaufleute, Hand aus Werk und hackten und schaufelten und gruben. Die Leute aus Schwaben halfen redlich dabei und sahen bald ein, daß der kleine Anfang zu etwas führen mußte. Sie schrieben daher hinaus, daß es hier sehr gut sei. Die Botschaft ging in den Dörfern der Heimat von Munde zu Munde, und es kamen zuerst ein halbes Dutzend, dann ein Dutzend Familien über den

Ozean, dann noch mehr und schließlich siedelten sich rund um Ann-Arbor 5—6000 Schwaben an und füllten die Umgegend des Städtchens mit hübschen deutschen Bauernhäusern und Gehöften. Sobald die Yankees merkten, daß die Deutschen sich in der Umgegend einzunisten begannen, waren sie gleich flink bei der Hand und kauften ringsumher das Land auf. Dadurch wurde der Boden zwar verteuert; aber es wurde den Yankees ein Stück um das andere abgekauft, und nach und nach ein kleines Schwabenland geschaffen. Jetzt ist die ganze Gegend ein reizendes Gewebe von Gehöften, Äckern, Wiesen und Wald.

Weniger glücklich war eine andere Schwabenkolonie, das von Auswanderern aus der Ulmer Gegend 1856 gegründete Neu=Ulm am St. Peter in Minnesota. Diese Ansiedlung war weit in die Wildnis vorgerückt, und noch viele Sioux=Indianer trieben sich dort umher, die gezwungen das Land an die Regierung verkauft hatten und nur ungern von den herrlichen Jagdgründen sich trennten. Beim Ausbruch des Bürgerkriegs 1861 stellte Neu=Ulm eine stattliche Schar zum Unionsheer. Diesen Umstand benützten die Indianer, um Rache zu nehmen. Sich vorsichtig verteilend, drangen sie am 18. August 1862 in die Niederlassungen, 7 englische Meilen westlich von Neu=Ulm ein und verübten Greuel, die sich die Feder zu beschreiben sträubt. Ein Zufall fügte es, daß an jenem Morgen eine Anzahl Neu=Ulmer Bürger sich versammelte, um im Bezirk weitere Freiwillige für das Unionsheer zu werben. Auf mehreren Wagen mit Musik und Fahnen fuhren sie gerade in die Richtung hinaus, wo die Metzelei stattfand. Die Indianer empfingen die Wagen mit einer mörderischen Salve. Die Überlebenden eilten so schnell als möglich in die Stadt zurück, auf dem Rückweg die ganze Ansiedlung alarmierend. Am folgenden Tage erschienen die Rothäute vor der Stadt und begannen einen wütenden Angriff. Allmählich zog sich der Kampf nach der Mitte des Städtchens und dauerte ohne Unterbrechung bis Eintritt der Nacht. Mancher brave Mann fiel in der Verteidigung seines Teuersten, doch auch mancher Indianer büßte den Verrat mit dem Leben, und als der nächste Morgen anbrach, war die Raubhorde verschwunden. Am 22. August rückten sie bedeutend verstärkt wieder an, entschlossen, die Verteidiger Neu-Ulms durch das Feuer ihrer eigenen Heimstätten aus ihrem letzten Zufluchtsort zu vertreiben. Dämonen gleich huschten sie von Haus zu Haus, um das Verderben bringende Element anzufachen, und bald war die sonst so friedliche Hochebene, auf der das freundliche Städtchen lag, nur noch ein Flammenmeer. Die Belagerten zogen sich am zweiten Kampftag auf ein möglichst kleines Terrain zurück, wo sie gedeckt den Kampf mit größerem Erfolg aufnehmen konnten. Ohne Unterbrechung dauerte auch diesmal der Kampf bis in die Nacht, um am folgenden Morgen noch einmal zu beginnen. Nach einigen Stunden aber mußten sich die Indianer wohl überzeugt haben, daß die Fortsetzung des Kampfes fruchtlos sei, und so zogen sie sich endlich zurück. Hunderte von Frauen und Kindern waren während dieser Schreckenstage in den engsten Raum zusammengepreßt, 178 Gebäude waren ein Raub der Flammen geworden, viele Familien ganz oder teilweise als Opfer gefallen. Unter diesen Umständen hielten es die Überlebenden für rätlich, sich auf die nächstliegenden Plätze zurückzuziehen. Am 25. August verließ der traurige Zug die Stadt, er zählte 150 Wagen, worunter 56 mit Verwundeten. Mutlos zerstreuten sich die Ansiedler nach allen Richtungen. Eine tapfere Schar aber kehrte mit den herbeikommenden Hilfstruppen wieder nach Neu-Ulm zurück und begann den Wiederaufbau des Städtchens. Der Schaden wurde von der Regierung vergütet; neue Ansiedler traten in die Lücken, und so erholte sich die Kolonie rasch wieder.

Noch manche Schwabenkolonie mag da und dort auf dem Lande sich finden. Eine große Zahl unserer Landsleute aber, wenn nicht die Mehrzahl, zog sich in die Städte. Daß unter der dortigen deutschen Bevölkerung das schwäbische Element nicht die letzte Stelle einnimmt, darauf deuten manche Anzeichen hin, so wird zum Beispiel das Cannstatter Volksfest in New-York in einer Großartigkeit gefeiert, welche das an den Ufern des Neckar weit in Schatten stellen soll; in vielen Städten finden sich Schwabenvereine, welche deutsche Geselligkeit und deutsches Wesen pflegen; zahlreiche öffentliche Plätze und Straßen tragen schwäbische Namen: Schillerstraße und Schillerplatz giebt es in 21 Städten der Union; Uhland, Hauff, Wieland, Kepler, Schott, Tafel, Werner, Weiser u. s. w. sind ebenfalls vertreten, auch württembergische Ortsnamen wie Hall, Eßlingen, Ulm, Reutlingen, Ravensburg fehlen nicht.

3. Einzelnes über Württemberger in Amerika.

Bei der großen Anzahl Württemberger, die in die neue Welt gezogen sind, läßt sich erwarten, daß darunter auch manche bedeutende und bemerkenswerte Männer sich befunden haben. So können wir vor allem eine Anzahl von Forschungsreisenden erwähnen, die zum Teil drüben eine neue Heimat gefunden, zum Teil aber lediglich aus wissenschaftlichem Interesse die Reise über den Ozean unternommen haben.

Unter den letzteren verdient schon der Zeit nach als erster genannt zu werden: Herzog Paul von Württemberg, Neffe des Königs Friedrich, geb. 1797. Nachdem er 1817 als Generalmajor aus der Armee geschieden, widmete er sich ausschließlich naturwissenschaftlichen Studien, unternahm 1822 seine erste Reise nach Amerika, die 2 Jahre dauerte und sich über die Länder am Ohio, Mississippi und Missouri erstreckte und zu naturgeschichtlichen und ethnographischen Beobachtungen aller Art, sowie zum Sammeln von Mineralien, Pflanzen und Tieren, besonders von Vögeln, verwendet wurde. Die Ergebnisse dieser mit großen Strapazen verbundenen Reise wurden in einer Schrift: „Erste Reise nach Nordamerika", Cotta 1835, niedergelegt, welche, von einer schönen Karte begleitet, den Beweis liefert, daß der hohe Reisende nicht nur zu beobachten, sondern auch zu schildern verstand, und daß seine Menschenfreundlichkeit ihm überall Eingang und Verehrung verschaffte. Auf einer zweiten Reise, 1829—32, durchzog der Prinz Mexiko und die noch wenig bekannten Inseln und Küsten des Golfs von Mexiko. Seine dritte Reise, 1849—56, führte ihn hinüber über das Felsengebirge, dann südlich nach Brasilien, Uruguay, durch die Magalhaensstraße nach Chile und Peru, Quito, über die Landenge von Panama zu den Südstaaten der Union; 1858—59 bereiste er Australien. Nach seiner Rückkehr war der Herzog in seiner Residenz Mergentheim eifrig mit dem Ordnen seiner umfassenden Sammlungen und Manuskripte beschäftigt; aber noch ehe er damit zu Ende war, überraschte ihn nach kurzer Krankheit der Tod am 25. November 1860.

Ein anderer Sprosse des Hauses Württemberg, Herzog Wilhelm, geb. 1828, der Held von Oeversee, der schon in früher Jugend durch seinen Wandertrieb und sein vielseitiges Interesse sich auszeichnete und weite Länderstrecken der alten Welt bereiste, unternahm auch 1868 eine Reise nach Amerika mit seinem Neffen Herzog Eugen von Württemberg, und durchstreifte das ganze Gebiet von den großen Seen bis zum Golf von Mexiko diesseits des Mississippi. Ein Teil des Ergebnisses seiner Reise ist in seiner Schrift: „Die öffentlichen Ländereien in den Vereinigten Staaten Nordamerikas", Wien 1869, niedergelegt, von welcher Petermann bezeugt, daß sie namentlich wertvolle Nachrichten über das Vermessungswesen und die Kartographie in der Union enthalte.

In jüngster Zeit begegnen wir noch einem weiteren fürstlichen Reisenden, Fürst Karl von Urach, Graf von Württemberg, der 1884 eine große, schwierige Reise in Südamerika ausführte: über die Antillen und die Landenge von Panama nach Quito, über die Kordilleren zum Amazonenstrom und hinab bis zur Mündung, dann zum San Francisco und stromaufwärts bis zu den Stromschnellen des oberen Flusses, sodann nach Bahia, nach Rio de Janeiro und über Senegambien zurück nach Europa.

Eine lange Reihe von Jahren verbrachte wandernd und forschend in der neuen Welt **August Kappler**, von Geburt ein Mannheimer — geb. 1815 — aber durch so viele Fäden mit Württemberg verbunden, daß die Berechtigung, ihn hier anzuführen, wohl nicht bestritten werden wird. Von Wanderlust erfüllt, trat er als Soldat in holländische Dienste 1835 und kam nach Surinam, wo er 40 Jahre zubrachte, unermüdlich thätig, die Geheimnisse der Tropenwelt der Kenntnis zu erschließen. Die Ergebnisse seiner Forschungen sind niedergelegt in zahlreichen, im Globus, Ausland und Schwäbischen Merkur erschienenen Aufsätzen, sowie in seinen Werken: „Holländisch Guiana", 1881, „Surinam, Land und Leute", 1887, u. a. In einfacher, anspruchsloser, aber frischer und lebendiger Sprache schildert uns der Verfasser die großartige Natur jener Pflanzen- und Tierwelt, zwar als Laie, aber durch eine Menge seiner Beobachtungen eine Fülle wissenschaftlichen Materials bietend. Zugleich sammelte er im ganzen Gebiet der Natur und lieferte reiche Beiträge an Bälgen und Skeletten den Sammlungen seiner Heimat. Fünfzehnmal hat Kappler den Ozean zwischen Europa und Amerika durchfahren, und als er 1879 in Stuttgart sich niederließ, war es ihm doch nicht möglich, sich zur Ruhe zu setzen; alljährlich unternahm er kleinere Reisen, ja der 70jährige entschloß sich noch zu einer Reise um die Welt, die er glücklich vollbrachte. Bald nach seiner Rückkehr starb er, 20. Oktober 1887.

Unter denen, welchen 1848 die Heimat zu enge wurde, ist vor allem zu nennen: **Willibald Lechler**, geb. 1814 in Reichenbach OA. Frendenstadt, von 1839 an Besitzer der Weiß'schen Apotheke in Stuttgart. Seine ausgesprochene Vorliebe für Botanik, sein unersättlicher Drang, die Natur zu erforschen, die damaligen Zustände, welche ihm ein längeres Verbleiben in Stuttgart unbehaglich machten, bestimmten ihn 1849, seine Apotheke zu verkaufen und sich in Amerika eine neue Heimat zu suchen. Mit Frau und drei Kindern verließ er im Mai 1850 Stuttgart, um im Verein mit anderen Landsleuten in Chile eine Niederlassung zu gründen. Die Seereise ging anfangs glücklich von statten; schon war man der Südspitze Amerikas nahe, als widrige Winde das Schiff in das südliche Eismeer verschlugen, wo es, zwischen Eisbergen eingepackt, durch den Verlust des Steuerruders so sehr geschädigt wurde, daß es mit knapper Not die Fallklandsinseln erreichte, um den Schaden auszubessern. Diesen unfreiwilligen Aufenthalt benützte Lechler eifrig zur Erforschung der einsamen Insel und zur Sammlung von Pflanzen. Die Weiterfahrt wurde glücklich ausgeführt und im Dezember 1850 bei Valdivia gelandet. Sobald die nötigsten häuslichen Einrichtungen vollendet waren, trieb es den emsigen Mann in Busch und Pampas, wo sein Forschungstrieb die reichste Nahrung fand. 1853 unternahm er mit seinem 12jährigen Sohn seine berühmte Reise zu den Araukanern, durchzog die Schluchten der Kordilleren, die Pampas von Patagonien und die Cinchonawälder auf dem Hochland am Titicacasee. 1855 kam er in die alte Heimat, um Medizin zu studieren und sich sodann als Arzt in Peru niederzulassen. Er sollte dieses Ziel nicht mehr erreichen; unterwegs raffte ihn das Fieber hinweg 1856. Von Bedeutung für die Wissenschaft ist Lechler vor allem als Sammler im Gebiet der Botanik. Seinem unermüdlichen Fleiß und der Kühnheit, womit er in unzugängliche Urwälder eindrang, verdankt man etwa 400 neuentdeckte Arten von Pflanzen, von denen manche seinen Namen tragen, und seine, viele Herbarien zierenden Sammlungen amerikanischer Pflanzen umfassen über 3000 Arten.

In demselben Jahre wie Lechler — 1850 — wandte sich der Landwirt **Arthur Schott**, geb. 1814, Sohn des bekannten Patrioten Albert Schott, nachdem er schon ein bewegtes Wanderleben im Banat hinter sich hatte, nach Nordamerika, von wo er durch treffliche Aufsätze, die 1854—62 im „Ausland" erschienen sind, das ferne West- und Mittelamerika in weiteren Kreisen bekannt machte. 1852 wurde er Mitglied der von der nordamerikanischen Regierung veranstalteten wissenschaftlichen Expedition, die am Colorado Vermessungen vorzunehmen hatte, verlor durch den Bürgerkrieg seine Stellung, forschte dann von 1865 an im Auftrag der mexikanischen Regierung in Yukatan und lebte schließlich in Georgetown bei Washington, wo er 1875 gestorben ist.

Zwei Jahre vor Schott wanderte **Mor. Fr. Harttmann**, geb. in Ulm 1817, nach Absolvierung seiner theologischen Studien nach Amerika aus. Bei einem befreundeten Arzte in Ohio bildete er sich zum ärztlichen Beruf aus und entschloß sich, um diese Wissenschaft gründlich zu studieren, nach Europa zurückzukehren. Nach mehrjährigem Aufenthalt in Tübingen begab er sich abermals nach Amerika und bereiste es nun in ausgedehnten Wanderungen von Quebec bis zum Colorado, von Manitoba bis nach Mexiko, beteiligte sich an der Gründung der Stadt Humboldt in Kansas, ebenso am Aufbau von Lawrence, forschte nach aztekischen Altertümern und kehrte 1887 in die alte Heimat zurück. Schilderungen seiner Reisen sind in deutschen und englischen Zeitungen erschienen.

Ebenfalls über Kanada, die Union und Mexiko erstreckten sich die Reisen des Baron John Wilh. v. Müller, geb. 1824 in Kocherſteinsfeld, der vorher mit Brehm das Nilgebiet bereist hatte; seine Reisen hat er in einem großen dreibändigen Werk beschrieben; doch darf nicht unerwähnt bleiben, daß einzelne seiner Berichte stark angezweifelt worden sind.

Fast zu gleicher Zeit — im Jahre 1855 — ging Dr. Dav. Weinland, geboren 1829 in Grabenſtetten OA. Urach, nachdem er in Tübingen zuerst Theologie, dann Naturwissenschaft studiert hatte, über den Ozean, einer Einladung der Universität Cambridge bei Boston folgend, um die Leitung eines Laboratoriums für mikroskopische Untersuchungen zu übernehmen und an dem großen Werke von Louis Agassiz „Contributions to the natural history of the United States" mitzuarbeiten; er bearbeitete dafür speziell die vergleichende Anatomie der Schildkröten. 1856 reiste er, besonders um die Indianer kennen zu lernen, nach Kanada, 1857 nach West-Indien teils zu ethnologischen Studien über den Neger, da die Sklavenfrage damals in Nordamerika eine brennende war, teils behufs mikroskopischer Untersuchungen über das Wachstum der Korallen — eine für die dortige Schiffahrt höchst wichtige Frage. Nach Cambridge zurückgekehrt, hielt er Vorlesungen über die Resultate seiner Reise, veröffentlichte sie auch teilweise in der Boston Society of natural history. 1859 kehrte er infolge eines Halsleidens nach Deutschland zurück und nahm seinen Aufenthalt auf seinem Gut Hohenwittlingen bei Urach.

Wie Weinland durch seine zoologischen und ethnologischen Forschungen, so hat Dr. Karl Rominger, geb. 1820 in Ebingen, auf dem Gebiet der Geologie hervorragende Verdienste sich erworben. Nach Beendigung seiner medizinischen und geologischen Studien in Tübingen ließ er sich 1848 als Arzt in Ohio nieder, sodann in Ann-Arbor in Michigan; 1869 wurde er zum Staatsgeologen ernannt mit dem besonderen Auftrag, Michigan auf seine Bodenbeschaffenheit zu durchforschen und zu beschreiben. 1873 erschien sein Bericht über die obere, 1881 über die untere Halbinsel. Das Ganze bildet ein Werk von vier stattlichen Bänden mit zahlreichen Bildertafeln. Um zu den Resultaten zu gelangen, die in dem Werke niedergelegt sind, mußten von Dr. Rominger in jahrelangen Wanderungen Beschwerlichkeiten aller Art überstanden werden. Der abgehärtete Mann durchzog die zum Teil noch nicht, zum Teil erst schwach bevölkerten und ungebahnten Gegenden in Begleitung von nur zwei Dienern, von welchen der eine sein Zelt trug, der andere einen kleinen eisernen Herd nebst Mundvorrat. Nicht selten überraschten sie auf diesen Märschen auch eine Horde Indianer, und diese Überraschung steigerte sich einst zu beiderseitiger großer Freude, als sich in einem der Häuptlinge ein guter schwäbischer Schwarzwälder entpuppte, umgeben von seiner kupferfarbenen Familie.

Ein anderer Arzt, Dr. Ab. Klein, geb. 1837 in Stuttgart, war 1865—67 Feldarzt in Mexiko bei kaiserlichen Korps österreichischer Freiwilliger, war 7 Monate lang Kriegsgefangener, praktizierte nach dem Kriege mehrere Jahre in Mexiko und auf dem Isthmus und führte größere Reisen aus, über die er interessante Aufsätze im Schwäb. Merkur veröffentlichte, z. B.: „Die Besteigung des Popokatepetl", 1866; „Skizzen aus einer Reise im südlichen Teil von Mexiko", 1868. 1870 kehrte Klein in seine Heimat zurück.

Noch ausgedehnter waren die Reisen des Dr. Karl Faber, geb. 1848 in Neckarthailfingen OA. Nürtingen, der nach Beendigung seiner medizinischen Studien 1872/73 eine Reise nach Brasilien, Uruguay und Argentinien, 1874/75 eine Reise um die Welt, 1880 wieder eine Reise nach Nordamerika ausführte und nun als Arzt in Stuttgart lebt. Neben der Zoologie schenkte er seine Aufmerksamkeit besonders der in Deutschland bis jetzt noch wenig gepflegten geographischen und nautischen Medizin und legte die Resultate seiner Beobachtungen in einer Reihe von Schriften nieder, welche von Kennern sehr günstig beurteilt werden: „On the influence of sea-voyages on the human body", Lond. 1876/77; „Australia, South-Africa and South America as health resorts", Lond. 1878, u. a.

Auch von Theologen haben wir naturwissenschaftliche und geographische Mitteilungen über die Neue Welt, so von Friedr. Weber, geb. 1837 in Großeislingen, jetzt Pfarrer und Schulinspektor in Straßdorf, der als Begleiter und Instruktor des Grafen O. von Quadt-Jsny 1876 einen Teil der Union bereiste und darüber im Wochenblatt „Jsy" 1877 berichtete; sodann von Jak. Probbed aus Ochsenbach, welcher im Dienst der Herrnhuter

Mission Grönland bereiste, einmal als Dolmetscher Nordenskiölds 1883, und interessante normannische Altertümer entdeckte, die er in seinem Buche: „Nach Osten" schildert; 1884 litt er Schiffbruch und fand den Tod in den Wellen.

Wie im äußersten Norden, so finden wir auch im Süden württembergische Forscher. Seit 1870 ist Th. Wolf aus Bartholomä, OA. Gmünd, Professor der Mineralogie und Botanik in Quito und hat durch geognostische Untersuchungen dem Lande schon wesentliche Dienste geleistet, auch auf dem Gebiet der antediluvianischen Fauna schon wichtige Forschungen gemacht, z. B. den alten Streit entschieden, ob in Südamerika das antediluvianische Pferd existierte oder nicht. Wir wissen jetzt, daß auf den Anden das Pferd mit dem Mastodon zusammenlebte, daß es lange vor der Eroberung ausgestorben ist und die Indianer es nicht kannten. So hat dieses Tier das merkwürdige Schicksal, zweimal — in zwei verschiedenen Perioden — Südamerika zu bevölkern, das einemal frei weidend auf den Bergen und an den Küsten der Seen, das zweitemal dienend unter der Herrschaft des Menschen. Ebenfalls in Quito war L. Dressel aus Ravensburg, Mitglied der Gesellschaft Jesu, als Professor der Chemie thätig 1869—76.

Mit Kanada ist aufs engste verbunden der Name des Dr. Otto Hahn, geb. 1828 in Ellwangen; nachdem er in Auswanderungsangelegenheiten schon 1864 in Venezuela sich umgesehen hatte, erhielt er 1878 eine Einladung der Dominion of Canada, das Land zu besuchen. Er führte die Reise noch im gleichen Jahre aus und schrieb eine Broschüre über die Auswanderung dorthin. 1885 erschien: „Das Recht auf Arbeit", wo ebenfalls die Kolonialfrage erörtert ist. Dasselbe geschah in vielen Vorträgen und Zeitschriften, wovon die Folge war, daß sich eine ziemliche Anzahl Deutscher in Kanada niederließ. Viel Staub wirbelte seine Abhandlung über das Eozoon canadense auf, welche seine Ernennung zum Tübinger Ehrendoktor der Naturwissenschaften veranlaßte. Er selbst lebt seit 1888 in Toronto in Kanada.

In Centralamerika ist seit einer Reihe von Jahren der Geologe Dr. G. Frißgärtner, geb. 1849 in Jettenburg OA. Tübingen. Nachdem er 3 Jahre lang als Regierungsgeolog in Albany sich aufgehalten hatte, mit mikroskopischen Untersuchungen der Fossile New-Yorks und der Aufstellung mineralogischer Sammlungen beschäftigt, wurde er 1879 als Staatsgeologe der Republik Honduras angestellt, dann zum Generalinspektor der Bergwerke des Landes ernannt. Seine litterarische Thätigkeit ist eine sehr fruchtbare; neben den amtlichen Berichten über die geologische Ausbeutung des Landes veröffentlichte er zahlreiche, wertvolle Aufsätze in den verschiedensten Zeitschriften Amerikas und Deutschlands, gab eine Karte von Honduras heraus, ist zugleich Redakteur und Eigentümer des „Honduras Progress", der ersten in Centralamerika in englischer Sprache erscheinenden Zeitung. (Ein Kollege von ihm ist A. Ludwig, geb. 1848 in Waldmannshofen OA. Mergentheim, seit 1883 in Westindien, gegenwärtig in Curaçao, meist mit Untersuchung von Minen beschäftigt, aber auch die geographische Kenntnis jener Inselwelt fördernd und berichtigend; schon manche wichtige Mitteilung über Westindien, sowie die Küste Venezuelas ist von ihm zu uns gelangt; auch sind viele auf seinen Reisen gesammelte Gegenstände an das Königl. Naturalienkabinett in Stuttgart abgeliefert worden.

Kürzere Zeit hielt sich in Nordamerika und zwar in den Vereinigten Staaten Dr. Klüpfel auf, geb. in Tübingen 1842, seit 1883 Bergrat in Stuttgart, der vor allem das amerikanische Hüttenwesen zum Gegenstand seiner Studien machte und eine Reihe von Aufsätzen darüber in die „Berg- und Hüttenmännische Zeitung" schrieb.

Ein Weltreisender im vollsten Sinne des Worts ist der Ingenieur Max Eyth, geb. 1836 in Kirchheim, der auf jahrelangen Wanderungen, die ihn kreuz und quer durch die Welt führten, auch wiederholt nach Amerika kam: 1866—68 in die Vereinigten Staaten, um die Dampfpflügung einzuführen, 1869/70 nach Westindien, 1879/80 nach Südamerika; dabei hat er stets auch einen schönen Gebrauch von der Feder gemacht und uns in seinem „Wanderbuch eines Ingenieurs" und zahlreichen im Staatsanzeiger und Schwäb. Merkur erschienenen Aufsätzen anziehende Reiseberichte und Beschreibungen von Land und Leuten gegeben. Weniger ein Mann des Worts war sein Fachgenosse Herm. Gmelin, geb. in Leonberg 1819, der auf dem Gebiet des Berg- und Hüttenwesens in weitesten Kreisen sich einen Namen erworben und dessen Lebensgang eng verknüpft ist mit der neuen Entwicklung der Eisen-Großindustrie sowohl in unserem Vaterland als in Amerika, wo er eines der ersten Bessemerstahlwerke errichtete. Der Urheber und Erbauer der segensreichen

Abwasserversorgung, Baudirektor Ehmann, bekleidete während zehn Jahren, 1847—57, hervorragende Stellungen als technischer Leiter großer Industrieanstalten beim Wasserbauwesen in Nordamerika. Der Ingenieur Ferd. Hauff von Walbenbuch ist seit Jahren ein geschätzter Patentanwalt in New-York. Einen guten Klang hat auch der Name des schwäbischen Ingenieurs und Baumeisters Ginbele, der 1848 nach Amerika übergesiedelt, in Chicago die erste große Wasserleitung unter dem Michigansee und den ersten Tunnel unter dem Fluß teils erdacht, teils ins Leben gerufen, den Plan zum dortigen Lincoln-Park gemacht, manchen Prachtbau geschaffen und eifrigst für die Herstellung des Schiffskanals zwischen dem Michigansee und dem Missisippi gewirkt hat. Auch der Erbauer der großen Brücke über den East-River, eines der gewaltigsten, kühnsten Bauwerke der Welt, ist ein geborener Württemberger, J. A. Röbling aus Reutlingen.

Zu hervorragenden Stellungen als Techniker in den Vereinigten Staaten haben es die beiden Brüder Bonzano aus Ehingen gebracht: Max, geb. 22. März 1821, ging mit seinem Vater, Kaufmann Bonzano, nach Nordamerika, 1848—1883 in leitender Thätigkeit bei der von ihm umgestalteten Münze zu New-Orleans, 1864 Vorsitzender des Emanzipations-Ausschusses der Konvention, auch Kongreßmitglied, Oberlandvermesser, jetzt im Ruhestand auf seinem Landsitz bei der genannten Stadt lebend; Adolf Bonzano, geb. 5. Dezember 1830, gebildet in Stuttgart, ging dann zurück nach Amerika, wo er sich in Philadelphia und Springsfield, Mass., weiter ausbildete, 1856—68 Oberleiter der Maschinenwerkstätten in Detroit, Mich., seit 1868 Mitglied und Oberingenieur der Firma Clarke, Reeves & Co. in Phönixville, Pa., in der Folge Vicepräsident der „Phönix-Bridge-Company", der Nachfolgerin jener Firma. 150 Meilen Eisenbahnbrücken sind seit 1868 nach den Plänen und unter der Leitung Max Bonzanos gebaut, seine Gutachten von allen hervorragenden Eisenbahngesellschaften in Brückenbauten und sonstigen Ausführungen in Eisen eingeholt worden.

Daß auch manche Theologen unter den Auswanderern sich finden, erklärt sich aus den eigenartigen Einrichtungen unseres Landes: W. Schmidt aus Dünsbach OA. Gerabronn leitete von 1830—35 das theologische Seminar in Ohio; W. Nast, ein Angehöriger jener an Talenten aller Art so reichen Promotion von Strauß, Vischer, Pfizer, Binder, Zimmermann, trat der Methodistenkirche bei und war lange Zeit der thätigste Vermittler der methodistischen Mission in Deutschland. Leonh. Tafel aus Sulzbach a. K. starb hochbetagt 1880 als Bischof der Swedenborgschen Gemeinden in New-York und Philadelphia. Im vergangenen Sommer 1892 starb zu Philadelphia der Professor der Theologie Wilh. Mann aus Stuttgart, ein hochgeschätzter Kanzelredner und bedeutender theologischer Schriftsteller. Das neueste Magisterbuch führt als jetzt noch in Amerika wirkende Geistliche aus Württemberg an: Professor Dr. theol. Späth, die Pfarrer Büchenstein, Deckinger, Hochstetter, Hummel, Noz, Ströhlein, Weitbrecht, wozu noch zahlreiche in Basel und in Amerika selbst gebildete württembergische Theologen kommen: Zeller, Köstlin, Bellon, Bürkle u. v. a.

Andere ehemalige Theologen sind in Amerika Lehrer, Journalisten, Schriftsteller u. dergl. geworden, so: Ehmann, Rektor des College Indep. San Leopoldo, Brasilien; Dr. Büchele aus Göppingen; Th. Griesinger aus Kirnbach; H. Loore aus Stuttgart; K. Fr. Ranz von Vernhausen; Bernh. Schifterling aus Creglingen; Walter aus Urach, der nacheinander die Zeitschriften „Protestant", „Teutsch-Amerikaner", „Volksbühne", „Hochwächter" redigierte; W. Rapp aus Perouse, der noch heute in erfolgreicher journalistischer Thätigkeit steht; G. Heerbrandt aus Reutlingen, lange Jahre Herausgeber des Schwäbischen Volksblatts in New-York, eifriger Verbreiter schwäbischer Litteratur in Amerika; Pistorius, an der Staatszeitung in Chicago; L. Schwarz, Redakteur des „Beobachters". A. Renz aus Ebingen studierte Rechtswissenschaft, übte dann von 1836 an in Cincinnati eine erfolgreiche notarielle Praxis aus, war Herausgeber des Wochenblatts „Teutsch-Amerikaner" und später der demokratischen Zeitung „Volksbühne" und gab den ersten Anstoß zur Einführung des deutschen Unterrichts daselbst. Nicht minder energisch trat für die deutsche Sache sein Landsmann L. Rehfuß ein, der 1833 eine Apotheke in Cincinnati gründete, die sich eines bedeutenden Rufs erfreute, der aber auch einer der thätigsten Mitbegründer der „Teutschen Gesellschaft" und des „Volksblatts" war. Als Schriftstellerin hat sich einen Namen gemacht Luise Well-Jehuder aus Erzingen OA. Balingen, welche als Lehrerin und Mitarbeiterin verschiedener hervorragender Blätter

Amerikas thätig war, und die erste Schwäbin ist, die mit Schriften über amerikanische Zustände an die Öffentlichkeit getreten ist. Einen bedeutenden Einfluß übte eine Reihe von Jahren der berühmte Nationalökonom Friedrich List aus Reutlingen aus, der 1825 sein Vaterland verlassen mußte, in Pennsylvanien sich niederließ, dort seine bahnbrechenden volkswirtschaftlichen Schriften schrieb und das damals noch ganz wenig entwickelte Eisenbahnwesen in seiner zukunftvollen Bedeutung erkannte, auch amerikanischer Konsul in Hamburg und Leipzig war. Zur höchsten Auszeichnung brachte es Chr. Memminger aus Mergentheim, der, frühe verwaist, von dem Gouverneur in Charleston erzogen wurde, fast 20 Jahre lang Mitglied des Unterhauses der Gesetzgebung war und mit bestem Erfolg der Reform des Schulwesens sich widmete, 1861 Finanzminister der Südstaaten wurde und dieses Amt so verwaltete, daß man ihm nachrühmen konnte, er sei „mit reinem Namen ehrenvoll aus dieser Feuertaufe hervorgegangen".

Nicht gering ist sodann die Zahl derjenigen, die als Kaufleute und Industrielle es zu hervorragenden Stellungen gebracht haben. Nur wenige mögen genannt werden: J. v. Kapff, Mitbegründer der „Deutschen Gesellschaft" in Baltimore; K. G. Rümelin aus Heilbronn, der 1832 nach Amerika kam, zu den Gründern der „Deutschen Gesellschaft" in Ohio gehört und als Mitglied der Gesetzgebung erfolgreich für die Demokratie wirkte, auch als politischer Schriftsteller sich einen Namen gemacht hat; sein Landsmann E. Grau, der 1828 nach Buffalo kam und viel zum raschen Aufblühen des damals erst 40 deutsche Familien zählenden Städtchens beitrug; die Konsuln in New-Orleans Fr. Honold aus Königsbronn († 1864) und Joh. Kruttschnitt aus Lorch († 1892); die beiden Ulmer W. Riberlen und K. Stollmeyer, die 1836 eine deutsche Buchhandlung in Philadelphia gründeten und an allen deutschen Bestrebungen sich lebhaft beteiligten; ersterer widmete sich später ausschließlich litterarischen Arbeiten, verfaßte z. B. eine Geschichte und Geographie der Vereinigten Staaten, letzterer brachte es zu reichem Plantagenbesitz in Florida; J. Bühler, der wegen seines bedeutenden Einflusses „Schwabenkönig" genannt wurde und 1836 mit Entschiedenheit für Einführung der deutschen Sprache bei den öffentlichen Verhandlungen des Staats Pennsylvanien eintrat; J. Schöllkopf aus Kirchheim, Besitzer großartiger Lederfabriken, dabei eifriger Förderer aller gemeinnützigen Bestrebungen; Gustav Schwab, Sohn des Dichters, geboren 1822 in Stuttgart, gestorben 1888 in New-York. Um die Mitte der vierziger Jahre siedelte er als junger Kaufmann nach Amerika über und trat einige Jahre nachher als Teilhaber in die Firma Ulrichs & Cie. ein, welche die Generalvertretung des Norddeutschen Lloyds für Nordamerika hat und gleichzeitig Export- und Import-Geschäft ist (Petroleum, Wolle u. dgl.). Außer dem eigenen Geschäft nahm gemeinnützige Thätigkeit Schwabs Kraft in hohem Maß in Anspruch. Er war bremischer Konsul in New-York bis zur Einführung der Reichskonsulate; war lange Jahre Schatzmeister des deutschen Hospitals in New-York und Präsident der „Deutschen Gesellschaft", ferner Mitglied der von der Stadt New-York eingesetzten Kommission zur Organisation der Volksschulen, welche in New-York erst im letzten Jahrzehnt aus privaten in kommunale Einrichtungen verwandelt wurden; wiederholt war er, zum teil in schwierigen Fragen, Unterhändler zwischen den Schiffsgesellschaften und der parlamentarischen Vertretung des Staats New-York; im Zollwesen waren seine Kenntnisse so anerkannt, daß er mehrere Male als Sachverständiger in derartigen Angelegenheiten zu den Bundesbehörden nach Washington berufen wurde. Auch an der Abschaffung der Mißstände im Auswanderungswesen hat er regen Anteil genommen. Dabei blieb Schwab auch in Amerika ein treuer, anhänglicher Deutscher und unterstützte seine Landsleute, die sich in Amerika eine Existenz gründen wollten, allezeit durch Rat und That. Ferner Zeller aus Stuttgart, Eigentümer einer großen Droguerie in New-York; L. Bruckmann aus Heilbronn, Inhaber eines bedeutenden Speditionsgeschäfts in Brooklyn; Paul Werner von Gruibingen OA. Göppingen, geboren 1850, 1868 ausgewandert, besitzt zu Akron in Ohio die größte Buchdruckerei und lithographische Anstalt der Vereinigten Staaten, in welcher 1200 Arbeiter beschäftigt sind. In Ogden, dem Knotenpunkt der Central-Pacific-Eisenbahn im Mormonenstaat Utah, findet sich eine ganze Kolonie Württemberger; namentlich ist das große Handlungshaus Fred. J. Kiesel & Cie. ganz in den Händen von Ludwigsburgern. Der Chef desselben, Friedrich Kiesel, einer der unternehmendsten Männer des fernen Westens, war der erste Bürgermeister, den vor 3 Jahren die „Heiden" gegen die Mormonen durchsetzten, und ist jetzt Staatskommissär von Utah bei der Weltausstellung in Chicago. Seine

Schwäger, die Gebrüder Wilhelm, Adolf und Theodor Schanzenbach, genießen gleichfalls einen sehr geachteten Namen und sind seit Jahren in dem oben genannten Geschäft thätig, das, rasch aus kleinen Anfängen erblüht, in Utah, Montana, Idaho und Oregon zahlreiche Zweigniederlassungen besitzt. So wären wohl noch manche Schwaben zu nennen, die in Amerika es zu Gütern und Ehren gebracht haben, wenn die Quellen verbürgter Nachricht reichlicher flößen.

Inmitten des rastlosen Geschäftslebens aber hat sich auch die poetische Begabung des schwäbischen Stammes nicht verleugnet, und manche unserer Landsleute drüben sind als Dichter zu nennen. Voran einige jener Männer, welche durch das Sturmjahr 1848 in die Wogen der Revolution gezogen wurden und über den Ozean flüchteten; trotz allem konnten sie ihr altes Vaterland nicht vergessen und gaben der Liebe zu ihm und der Sehnsucht nach ihm rührenden dichterischen Ausdruck. So der ehemalige Stuttgarter Schriftsetzer Niklas Müller, dessen erste Gedichtsammlung, von Müller selbst gesetzt, Gustav Schwab bei Cotta herausgegeben hat. Geboren 1819 in Langenau, nach der Revolution mehrere Jahre im Exil in der Schweiz, von 1853 an in New-York, wo er als Buchdruckereibesitzer 1875 gestorben ist, gilt Müller für den bedeutendsten der deutsch-amerikanischen „Naturdichter"; seine Lieder — teils im Sonntagsblatt der New-Yorker Staatszeitung, teils in besonderen Sammlungen erschienen —, frisch und ungekünstelt, der Natur abgelauscht, sind vielfach in Musik gesetzt, zum teil auch ins Englische übertragen worden. Ferner C. H. Schnauffer, geboren 1823 in Heimsheim, Studierender in Heidelberg, 1848 Freischärler, dann in Baltimore Herausgeber des „Wecker"; seine Werke — „Totenkränze" 1850, „Studentenbriefe", „Schilderung des Flüchtlingslebens", „Lieder und Gedichte" aus dem Nachlaß — zeugen von einem echt deutschen Gemüt und von treuer Anhänglichkeit an das alte Vaterland; nur allzufrüh entriß ihn der Tod — 1854 — seinem dichterischen Schaffen. Nicht weniger spricht ein idealer Sinn und wahre Vaterlands- und Freiheitsliebe aus den Gedichten von E. Märklin, geboren 1816 in Calw, Pharmazeut, 1849 am badischen Aufstand beteiligt, 18 Monate Gefangener auf dem Asperg, dann Apotheker in Milwaukee, gestorben Februar 1892; er gab heraus: „Lieder eines Gefangenen"; „Familienbilder, ein poetischer Blumenstrauß für die deutsch-amerikanischen Frauen", 1877; „Im Strom der Zeit", 2. Aufl. 1887, u. a. Meist Vorgänge aus dem alltäglichen Leben behandeln bald in ernstem, bald in humoristischem Ton die Gedichte von J. Straubenmüller, geboren in Gmünd 1814, längere Zeit als Lehrer thätig, wegen politischer Vergehen verfolgt, 1852 als Lehrer in Baltimore angestellt, seit 1863 Direktor der freien deutschen Schule in New-York („Gedichte für Lehrer", 1848; „Zwölf breistimmige Kinderlieder", 1850; „Die Gründung von Virginien", 1858; „Gedichte für die Jugend", 1868; „Herbstrosen", 1889). Eine entschiedene Vorliebe und Begabung für die epische Dichtung zeigt in den „Klängen aus dem Westen", 1879, und „Aglaja", 1887, R. Puchner, geboren 1829 in Beutelsbach, 1848 nach Amerika verschlagen, wo er noch heute in Wiskonsin ein kaufmännisches Geschäft betreibt. Von der jüngeren Generation sind zu nennen: W. Strobel, geb. 1841 zu Mittelthal im Schwarzwald, Studierender der Theologie in Tübingen, von 1871 an Pastor in Baltimore und New-York, später Redakteur der Pennsylvania-Staatszeitung", der in seinen „Heimatklängen", 1876, zarte Saiten anzuschlagen weiß; G. Herrmann, seit 1883 Direktor der deutsch-amerikanischen Seminarschule in Detroit, der nicht nur durch seine Gedichte („Lyrische Blätter"; „Strategie der Liebe", Lustspiel in 3 Akten, 1891, u. a.), sondern auch durch musikalische Kompositionen („Hoch Columbia", „Schillerfeier") sich bekannt gemacht hat; J. Gugler, geboren 1848 in Stuttgart, seit 1869 an der Spitze eines großen lithographischen Geschäfts in Milwaukee, verfaßte humoristisch-satirische Gedichte, übersetzte die Herwegh'schen „Arbeitslieder" ins Englische und wandte sich in neuerer Zeit ernsteren lyrischen Versuchen zu, welche in verschiedenen Zeitschriften Aufnahme fanden; K. Lorenz, geboren 1858 in Stuttgart, seit 1880 in Amerika als Sprachlehrer, sodann Journalist, veröffentlichte 1886 eine Sammlung lyrischer Gedichte: „Welke Blätter". Auch zwei Dichterinnen sind anzuführen: Frau Marie Raible, Tochter des ehemaligen Pfarrers Kraus in Unterjesingen bei Tübingen, nun Gattin eines Kaufmanns in Alton, Illinois, deren Gedicht „Deutsch-Amerika", ausgezeichnet durch Gedankenweite und Formvollendung, mit Recht die Runde durch die Presse machte, und Frau Pauline Widenmann, geb. Gärtner, geboren 1829 auf der Solitude bei Stuttgart, seit 1851 zu Ann-

Arbor in Michigan; sie verfaßte zahlreiche Gedichte, die sowohl wegen der schönen Sprache, als auch der gesunden darin zum Ausdruck kommenden Gedanken volle Beachtung verdienen; auch schrieb sie neben einer Abhandlung über „Deutsches Familienleben in Amerika", 1892, zahlreiche Artikel „zur Hebung der Stellung der Frau, freilich nicht für den Stimmkasten oder öffentliche Ämter, sondern zu dem schöneren Beruf als Mutter und Erzieherin kommender Geschlechter". Selbst in der Dialektdichtung ist das Schwäbische jenseits des Ozeans vertreten. Ob H. L. Fischer, der das Alltagsleben der Deutschen in Pennsylvanien in pennsylvanisch-deutscher Mundart so meisterhaft schildert, von schwäbischen oder pfälzischen Eltern abstammt, konnten wir nicht erfahren. Dagegen haben wir echt „Schwäbische Knittelverse" von dem oben genannten Heerbrandt in seinem „Hannes in Amerika", 1876, und seinen „Gedichten in schwäbischer Mundart" (mit Bild des Verfassers) 1892 und ungeteilten Beifall finden die Gedichte von J. M. Bürkle; geboren 1832 in Plattenhardt, studierte er in Tübingen Theologie, trat dann als Kadett in die reitende Artillerie, kam 1859 in die Vereinigten Staaten und ist seit einer Reihe von Jahren Pastor in Neu-Bremen, Ohio; daneben ist er viel mit litterarischen Arbeiten beschäftigt, redigiert das in Greenville erscheinende humoristische Blatt „Der Vetter aus Schwaben" und hat eine Reihe poetischer Werke veröffentlicht, wie „Die schwäbische Dorfschule 1802", im Filderdialekt, 1889; „Aus meiner alta Hoamat", 1891, 2. Aufl. 1892, Dichtungen von echt schwäbischer Gemütlichkeit, gesundem Humor und gewandter Darstellung.

Auch als Maler haben sich einige unserer Landsleute drüben hervorgethan: der Maler Joh. Ludw. Krimmel, geb. zu Ebingen 1786, wurde Mitglied der Akademie der schönen Künste in Philadelphia und Präsident der Gesellschaft amerikanischer Künstler, fand aber schon 1821 beim Baden seinen Tod in den Wellen. Glücklicher war Emanuel Leutze, geb. Gmünd 1816, gest. in Washington 1868, dessen Gemälde „Washingtons Übergang über den Delaware" einen Weltruf erlangt hat, und der von berufener Seite als „der bedeutendste und geistreichste Historienmaler Amerikas" gerühmt wird, der „wie kein anderer es verstanden hat, der amerikanischen Geschichte von ihren Anfängen an künstlerische Motive abzugewinnen."

Als Soldaten mögen genannt werden: Ernst Koseritz aus Gaisburg, der 1835 als Verschwörer in Ludwigsburg zum Tod verurteilt wurde; König Wilhelm begnadigte ihn und „gab ihm," wie ein Volkslied sang, „fünfhundert Gulden Baria und sprach: Geh nach Amerika!" Koseritz folgte schleunigst dem Befehl und wurde drüben Kommandeur der Washington Garde, die längere Zeit der Stolz der Bürger von Philadelphia war; dort starb er schon 1838 in einem Spital. J. Ratth aus Göppingen zeichnete sich 1846 im Krieg mit Mexiko als Hauptmann aus und starb im Sezessionskrieg als Brigadekommandeur den Heldentod.

Auch außerhalb der Union haben gar manche unserer Landsleute eine zweite Heimat gefunden. Nach Mitteilungen der betreffenden Konsulate sind anzuführen: In Mexiko: die Ingenieure Fraul, L. Hartmann, Harrsch, Bentele, Zoll, die Kaufleute Sommer, Weber, Motz, Jesch, Schmalzgaug, Spann, Neudörfer, Bittrolff, Bürkle, Wörn, Rau, Knapp, Bach; in Honduras: Departementsingenieur List; in Guatemala: Plantagenbesitzer Sapper; in Nicaragua: die Ingenieure Sonnenstern und Wiest; in Maracaibo: die Kaufleute Groß und Bantlin; in Port au Prince: Kaufmann Schickhardt; in Havannah: die Ingenieure Eb. Eyth, Sauter, Schultes; in Paramaribo: Duttenhofer und Scheurlen; in Rio de Janeiro: Dannecker, Eisenstuck, Merker, Haasis, Widmann; in Paraguay: Prof. Handel aus Leutkirch, Verfasser eines „Praktischen Führers zur Erlernung des Guarani", Kaufmann Krauch, die Landwirte Hädle, Keppler, Pezold; in Osorno: Prof. Erhardt, Fuchslocher, 20 Jahre lang Gouverneur des Departements Osorno, jetzt Privatier; in Valparaiso: die Apotheker E. und O. Eisele, A. und J. Hochstetter, die Kaufleute Groß, Haffner, Meyer, Ziegele, Musiklehrer Eisele, Dr. med. Hahn, Gutsbesitzer Kreger, Gärtner Hag.

Gewiß wäre noch gar mancher Name zu nennen, noch manches merkwürdige Schicksal zu schildern; doch wird das Gesagte genügen, um zu zeigen, welch regen Anteil Württemberg an der Erforschung, Kolonisation und der ganzen Entwicklung der neuen Welt genommen hat.

Inhalt.

	Seite
Einleitung	3
I. Das sechzehnte Jahrhundert.	
Die ersten Schwaben in Amerika	4
II. Das siebzehnte und achtzehnte Jahrhundert.	
1. Württemberger im Staat New-York	9
2. Württemberger in Pennsylvanien	17
3. Württemberger in den übrigen Staaten der Union	28
III. Das neunzehnte Jahrhundert.	
1. Allgemeines	31
2. Schwaben-Kolonien in Amerika (Rapp, Zoar ꝛc.)	32
3. Einzelnes über Württemberger in Amerika	40

Quellen.

Federmanns „Indianische Historia", 1557.
Ulsheimers „Raysbuoch", 1622.
Löher, Die Deutschen in Amerika, 1847.
Klunzinger, Anteil der Deutschen an der Entdeckung von Südamerika, 1857.
Rapp, Geschichte der Einwanderung in Amerika, 1868.
Körner, Das deutsche Element in Nordamerika, 1880.
Eickhoff, In der neuen Heimat, 1884.
Mann, Life and times of Mühlenberg, 1887.
Fischer, Die Anfänge der deutschen Einwanderung nach Amerika, 1870.
Halle'sche Nachrichten von Mann und Schmucker, 1886.
Bernhard von Sachsen-Weimar, Reise durch Amerika, 1828.
J. Hartmann, Bes. Beil. z. Staatsanzeiger, 1881 u. 1882.
E. Metzger, Württ. Forschungsreisende und Geographen des 19. Jahrhunderts, 1889; auch:
VII. und VIII. Jahresbericht des Württ. Vereins für Handelsgeographie, 1890.
Rauscher, G. Rapps Leben und Treiben, Theol. Studien aus Württemberg, 1885.
Rupp, Collection of 80 000 names of immigrants in Pennsylvania, 1880.
Seibenstider, Geschichte der deutschen Gesellschaft in Pennsylvanien, 1876.
Zimmermann, Deutsch in Amerika, 1892.
Huber, Württembergische Auswanderung, 1892.
Württembergische Kirchengeschichte, 1893.
Jahreshefte des Vereins für vaterländische Naturkunde.